家庭で作れるロシア料理

ダーチャの菜園の恵みがいっぱい！

料理・荻野恭子
エッセイ・沼野恭子

河出書房新社

目次

はじめに … 4

ダーチャの恵みをいかした昔ながらの料理

冷たいボルシチ … 14
　サワークリームの作り方 … 14
そばのカーシャ　そばの実粥 … 15
クヴァース　ライ麦の発泡性飲料 … 16
オクローシカ　クヴァースの冷たいスープ … 17
夏野菜と牛肉の蒸し焼き … 18
きのこのサワークリームあえ … 20
くるみの卵焼き … 21
トマトときゅうりのサラダ … 22
ラディッシュのサラダ … 22
なすのサラダ … 22
キャベツの漬けもの … 24
シチー　キャベツスープ … 25
トマトの塩漬け … 26
きのこの塩漬け … 27
ロシア風コンポート … 28
ヴァレーニエ　ロシア風ジャム … 29
モールス　ヴァレーニエの飲みもの … 29

 日本でもおなじみのロシア料理をマスターしよう

ピロシキ … 34
　揚げピロシキ … 35
ボルシチ … 36
きのこの壺焼き … 38
ロールキャベツ … 40
ビーフストロガノフ … 42
にしんの塩漬け … 44
サーモンの塩漬け … 45
ライ麦パン … 46

 手作りで気軽にもてなすロシアンパーティ

ニューイヤーパーティ
ペリメーニ　シベリアの水餃子 … 54
　ペリメーニのスープ仕立て … 54
魚のゼリー寄せ … 55
豚肉のオーブン焼き　きのこソース添え … 56
毛皮のコートをまとったにしん … 57
キセーリ　ヴァレーニエのゼリー … 57

春のおもてなしに
ブリヌィ　ロシア風クレープ … 59
　ポンチキ、ブリンチキ … 59
オリヴィエサラダ … 60
えんどう豆と玉ねぎのベーコン炒め … 60

ビュッフェパーティ
チーズボール … 64
　カッテージチーズの作り方 … 64
にんじんサラダ … 65
ロビオ　いんげんのくるみあえ … 65
いわしのマリネ … 66
ヨージキ　ロシア風ミートボール … 67

ティーパーティ
ロシアンティー … 69
オープンサンドイッチ … 69
プリャーキニ　ロシア風ビスケット … 70
スィルニキ　焼きチーズ菓子 … 71

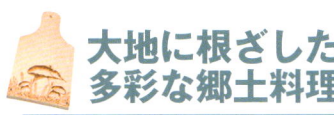 大地に根ざした多彩な郷土料理

中央アジア
サムサ ウズベクのミートパイ … 78
ラグマン ウズベクのうどん … 80
マシュフルダ 緑豆と米のスープ … 82
プロフ 炊き込みご飯 … 83

コーカサス
シャシルィク 串焼き … 84
ピーマンとキャベツのドルマ … 86
キュフタ・ボズバシュ
　豆入り肉団子のスープ … 88
チャホフビリ 牛肉のワイン煮 … 89

ウクライナ、ベラルーシ
ヴァレーニキ ウクライナの水餃子 … 90
ドラーニキ じゃがいものお焼き … 92

バルト
魚のカツレツ … 94
サーモンときのこのサワークリーム煮 … 96

荻野恭子の
取り寄せ食材とお気に入りの雑貨 … 98

ロシア料理に欠かせない食材 … 99

おわりに … 103

エッセイ　沼野恭子

尽きせぬダーチャの魅力 … 6
パンと塩のもてなし … 30
日本のロシア料理事始め … 48
ロシアの精進料理 … 50
春の祭典とブリヌィ … 61
フランス料理と相思相愛？ … 72
異郷への憧れ … 74
作家たちとの食事 … 100
現代ロシアの食事情 … 102

コラム●ちょっとおいしい話　沼野恭子
1　最も古い伝統料理カーシャ … 15
2　ペーチでことこと煮るシチーの滋味 … 24
3　きのこの魂 … 27
4　ロシアのスプーン … 37
5　多彩なロシアの前菜ザクースキ … 45
6　黒パンと白パン … 47
7　野生の甘さ、蜂蜜 … 71

本書をお使いになる前に
●材料は、特に表記したもの以外は4人分です。
●大さじ1は15㎖、小さじ1は5㎖、1カップは200㎖を基準としています。
●塩は、できれば自然塩を使用してください。油はロシアではひまわり油を使いますが、ない場合はほかの油でかまいません。

はじめに

私が初めてロシア料理に出会ったのは、今から37年前のことです。それまで食べたことがなかったボルシチやピロシキ、ロシアンティーの素朴なおいしさに大変感動しました。サラっとしていてコクがある自然の味は、栄養分が体の中に染み渡り元気になるような気がしました。それ以来忘れられない味となり、ロシア料理を研究したいと思うようになったのです。その当時、ロシア料理の情報がなかなか入手できなかったこともあって、なおさら本物のロシア料理が食べてみたくなり、自らロシアに行って食べ歩き取材をしよう！と決心、広大なユーラシア大陸を歩き始めました。

ロシア料理を習得するためには、現地の自然の恵みや人々のライフスタイル、歴史的背景を理解することと、その周辺の国々とのつながりについても取材しなければ本物の味を求めることができません。それゆえに20年の長い歳月をかけて現地の人々と共に泣き笑いをしながら、一品一品体に納めてレシピを増やしていきました。大自然の中で多くの民族の方と一緒に生活を楽しみ、さまざまな料理を味わえたことが最大の喜びであり、私の人生の宝となったのです。そして、料理は体（五感）で覚えるべし！ということを自らの体験を通して学びました。

厳しい大陸性気候の中でも自然に逆らわない現地の食事の楽しみ方は、まさにスローフードそのもの。長い冬は、マイナス30℃の極寒になることもしばしばあり、それはそれは肌を刺すような寒さです。だからこそ、熱いお茶を飲んで凍りつくように冷たくなった手を温め、こってりとした肉と根菜のスープで冷えきった体を温めるのです。脂っぽいスープと一緒に食べる乳酸発酵した漬けものは、格別の味わいがあります。根菜のサラダ、豆料理、ドライフルーツも本来は冬の食べものです。

そして、短い夏は、50℃の極暑になることも。そんな時は中央アジア産の甘くておいしいメロンやスイカが体のほてりを抑え、森で採ったベリー類が血液の流れをよくします。また、クヴァースやコンポートを飲めば喉がすっきりします。ダーチャで採れた生野菜を充分に満喫し、後は保存食を作ります。

春は、酸味やえぐ味がある葉ものを食べ、冬の間に体内に溜まった毒素を出します。秋は黄金色の森できのこ狩りをしますが、食べられるきのこの在りかはなかなか教えてもらえません。それもそのはず、ロシア人はきのこが大好きだからです。でも、ご馳走はしてくれます。白きのこのボルシチのおいしかったこと！　それから、高原では、秋になると丸々と肥った家畜を殺します。その肉を塩漬け、乾燥、燻製にして保存するのです。魚も大陸では秋から冬の食べものです。冬になると市場や街角で魚がたくさん売られます。

このような自然の恵みの食材に、塩、こしょう、ひまわり油、ハーブ、サワークリームなどの天然の調味料で調理した、大自然から生まれた自然の味こそがロシア料理です。

21世紀の食卓は飽食やグルメで彩られるのではなく、人体と産物を環境破壊から守る、体にやさしい食卓だと私は思っております。このことを考えると、ロシア料理はまさに今昔を問わず理にかなった料理で、私が求め歩いた味なのです。無駄のない生活の知恵がいっぱいのロシアの家庭料理を、ぜひ、皆様のレパートリーに加えていただき、毎日の食卓にお役立ていただければ幸いです。

荻野　恭子

ロシア料理とは、いったいどのようなものでしょうか。

とりあえず、ロシアの友人の家に食事に招かれた、とご想像ください。テーブルには、野菜やきのこの漬けもの、さけやにしんの塩漬け、キャビアやイクラ、肉の煮こごりといった「前菜」が並べられているでしょう。ビールやワインやウォッカで乾杯しながらこの前菜をつまむところから食事が始まります。

それから「第一の料理」つまりスープが出されます。スープの種類が豊富なところがロシア料理のきわだった特徴のひとつ。熱いスープの代表としてはボルシチ、シチー、ソリャンカ（漬けものを使ったスープ）、ウハー（魚のスープ）、冷たいスープにはオクローシカやボトヴィニヤ（いずれもクヴァースをベースにしたスープ）などがあります。

その次が「第二の料理」つまり肉や魚の料理です。おおむね素材そのものの持つおいしさを引き出すよう工夫されていて、凝った調理法も複雑なソースもあまりありません。素材の味を大切にするというのは、第二の料理に限ったことではなく、ロシア料理全般にあてはまる特徴と言えます。味つけはほとんど塩とこしょうというシンプルなものが多く、スメターナと呼ばれるサワークリームと各種の香草がロシア料理ならではの独特の風味をかもしだします。料理といっしょにパンも食卓に載っていることでしょう。

そして食事の最後は「デザート」で締めくくられ、ケーキやビスケット、果物、アイスクリームなどとともに、お茶やコーヒーが出されます。

もちろん普段の食生活では、このうちのどこかが省略され簡素化されることもありますし、スープにピロシキが添えられたりサラダが出たり、ほかにもさまざまなヴァリエーションが見られます。

このようなロシア料理は、東西の食文化の影響のもとに成り立っています。「東」から入ってきた食としては、お茶やペリメーニがありますし、シャシルィクなどのように中央アジアやコーカサスの料理でロシアに定着したものもあります。「西」の食としては、18世紀以来、ロシアのとくに上流社会の食生活が全面的にフランス料理の影響を受けました。

そのいっぽうで、カーシャやシチーやピローク（ロシア風パイ）といった、はるか昔からロシアの人たちが食べてきた料理も、今なお愛されています。ですから、伝統的なロシア本来の料理に「東」と「西」の素材やアレンジが加わって融合したのが今日のロシア料理の姿だと言えるでしょう。

私は、数年前から荻野恭子さんの料理講習会でロシア料理の手ほどきを受け、本場のおいしさを再現するその見事な腕前に驚嘆してきました。教えていただいたレシピでお客様をおもてなしすると、とても喜ばれます。どちらかというと作るより食べるほうが好きという食いしん坊の私にも作れる料理ばかりです。

健康的でどこか懐かしく、そして文句なしにおいしいロシア料理の数々——皆様もぜひ本書を参考に作ってみてください。そして、じゃがいもが煮えるのを待っている間にでも、ロシアの食と文学にまつわるエッセイやコラムを楽しんでいただければ、これほど嬉しいことはありません。それでは、Приятного аппетита!（たくさん召しあがってください！）

なお、ロシア語名の日本語表記は慣習にしたがい、たとえばOの綴りはすべて「オ」としました。実際には、アクセントのないOは「ア」と発音されますが、本書ではОКРОШКАは、「アクローシカ」ではなく「オクローシカ」と表記してあります。本文ページで、料理タイトルのロシア文字の下、［　］内に、原音に近い読みを記しました。

沼野　恭子

尽きせぬダーチャの魅力

　モスクワに行って友人に会う約束をしようとすると、「土、日はダーチャに行くから、別の日にして」と言われることがある。「ダーチャ」というのは、郊外にあって菜園のついているセカンドハウスを指すことが多い。

　ロシアでは、モスクワやペテルブルクなどの都市に住むかなり多くの人が、週末や夏休みを家族といっしょにダーチャで過ごす。金曜日の仕事を終えたら、車や電車に数時間ゆられてダーチャに行き、野菜や果物の世話をしたり、川で泳いだ

■ カエルの井戸、木いちごの茂み

現代ロシアを代表する作家のひとり、タチヤーナ・トルスタヤ（1951～）は、珠玉の短編「金色の玄関に」で、ダーチャを子供時代の思い出に結びつけて描いている。「南に行けばカエルのいる井戸、北に行けば白バラときのこ、西に行けば蚊のいる木いちごの茂み、東に行けばこけもも、マルハナバチ、崖、湖、丸木橋」

おませな少女にとって、ダーチャとその周辺は、さながら楽園のようだ。

のんきなダーチャが四軒ならんでいたが、塀もめぐらしてないので、どこへ行くのも自由だった。（……）坂道が下へ下へと伸びる先には、暖かな空気がたゆたっている。オレンジ色の花を蝶結びでつけたきゅうりの赤ちゃんたちでいっぱいの「魔法の箱」。そのガラスのふたが開いていて、太陽の光があたって砕けている。

そして、隣のおばさんが、採りたてのいちごを秤にかけ、こっちは自分のうちでヴァレーニエ（ロシア風ジャム）にする分、こっちはご近所に売る分、と選りわけている……。

トルスタヤが子供だった頃といえば、1950年代後半から1960年代初めということになるが、じつはロシアで菜園を目的とした土地を確保しようという動きが活発になってくるのは、ちょうどこの頃である。そして、郊外に菜園用地をあてがわれた人たちは、自力で資材を調達してその敷地内に「小屋」を建てるようになる。物不足の時代にそうした材料をそろえるのは並大抵ではなかったはずだが、たとえ掘っ立て小屋のようなものでも、電気やガスが引けなくても、寝泊りのできる自分のセカンドハウスを建てて自由に菜園を営むことができるというのは、はかりしれない大きな魅力

a／モスクワから車で1時間半ほどのところにある、緑に囲まれたダーチャ。

り、読書したりして週末をゆったり過ごし、心身ともにリフレッシュして、日曜の夕方、都心に戻ってくる。こういう生活パターンが習慣になっている人がたくさんいるのだ。夏休みは、もちろん、もっと長くダーチャに滞在する。

自然との触れあい、家族との絆、近くの森で採ったきのこやベリー、手塩にかけて育てた新鮮な野菜、それらをふんだんに使った健康的な食事。そういう充実した時間の過ごし方を、ロシア人はとても大切にしているのである。

b／アパートの窓辺で育てたきゅうりの苗。5月ごろダーチャに移す。

c／保存食の中にはわらびの塩漬けも。

d／ダーチャのキッチンの使い込まれた道具たち。

と意義があった。

都会の喧騒や狭苦しいアパートを逃れて大自然に癒されるという精神的な効果。食料さえ不足する生活にあって、野菜や果物が自給でまかなえるという経済的な価値。さらには、原則として土地私有の認められていない国において実質的に土地を所有するという、どちらかというと反社会的な意味もあったにちがいない。これが、現在よく見かける菜園型のダーチャである。

■ ダーチャの始まり

でも「郊外の別宅」としてのダーチャの歴史はもっとずっと古く、ピョートル大帝（在位1682〜1725）の時代までさかのぼることができる。

アメリカのスティーヴン・ロヴェルという研究者によれば、18世紀初頭、フィンランド湾に臨む沼沢地に新しい都ペテルブルクを建設したピョートルが、ペテルブルクから宮殿のあるペテルホフに通じる街道沿いの土地を臣下に与え（「ダーチャ дача」という言葉は、動詞「与える дать ダーチ」からできたもので、言葉自体は11世紀ごろからある）、そこに屋敷を建てさせたという。これを近代的ダーチャの始まりとすると、これら初期ダーチャは、同じ言葉で呼ばれてはいても、20世紀後半ソ連の菜園型ダーチャとは比べものにならないくらい豪華だった。なにしろピョートルは、パリからヴェルサイユ宮殿にいたる景観を、ロシアの北の都でそっくりそのまま再現しようとしたのだから。

以後、貴族たちは、自分の領地にある屋敷（こちらは「ウサーチバ усадьба」という）とは別に、町の近郊にダーチャを建てるようになった。また、1830年頃からは、中流貴族や商人、都市住民などかなり広い層が、夏の間だけダーチャを借りて過ごすようになり、ダーチャはしだいに避暑のための家としての役割を担うようになる。

■ 干しさくらんぼのレシピ

ここで興味深いのが、日本でもよく知られているアントン・チェーホフ（1860〜1904）の戯曲『桜の園』だ。貴族であるラネーフスカヤ夫人の有する広大な領地、美しい桜の木が茂る「桜の園」が、競売にかけられることになる。この家で下男として働いてきた農奴出身のロパーヒンは、恩のある夫人に、桜の園を手放さなくてすむよう、こんな提案をする。

この領地は、町から20キロほどしか離れていませんし、鉄道が近くを通っています。ですから、桜の園と川沿いの土地を、ダーチャの敷地とし

e／イルクーツクのダーチャ。

f／ダーチャの菜園で元気に育ったトマトやきゅうり。水やりも大切な日課。

　て分割してダーチャ用に貸し出せば、少なくとも年に2万5000ルーブルは収入を得られることになります。

　機転の利くロパーヒンは、町の郊外にダーチャが急に増えてきてダーチャに住む人（ダーチニクдачник）で賑わっていることに目をつけたのである。ところが、せっかくの提案に夫人は耳を貸そうともせず、手をこまねいているばかり。結局、桜の園は競売にかけられるが、競り落としたのは、裕福になった当のロパーヒンだった。斜陽貴族と台頭する富裕階級という、19世紀末のロシアの社会変動をも視野に入れたこの名作は、古きよきものへの切ないまでのノスタルジーを余韻に残しつつ、桜の木を切りたおす斧の鈍い音で幕を閉じる。

　なかに、年老いた従僕のフィールスが昔を懐かしむ場面がある。

　40年も50年も前のことになりますが、昔はさくらんぼを干したり、水漬けにしたり、酢漬けにしたり、煮てヴァレーニエにしたりしたもんです。（……）当時の干しさくらんぼは柔らかくて、汁気があって、甘くて、いい香りがしました。あの頃は作り方を知っている人がいたんです。（……）今じゃもうだれも覚えておりません。

　干しさくらんぼのレシピが忘れ去られるということは、伝統や古い価値観が消えていくことであり、それは貴族が没落してくことにも通じている。桜を切る斧の音は、新旧勢力の交替を力ずくで進める「革命」を予感させるものだったのである。

　しかし、1917年にロシア革命が起きると、貴族階級が消えうせただけでなく、ダーチャも「ブルジョア的」だとして、その存在を許されなくなってしまった。性急にユートピア社会をめざした過激革命は、柔らかくて甘いさくらんぼになど関わりあっている余裕はなかったのである。

　もっとも、一部の共産党幹部は贅沢な別荘を使

っていたし、ほかにも特権的な人たちにダーチャがあてがわれることはあった。たとえば、1930年代半ばにはモスクワ郊外のペレジェルキノに、作家のためのダーチャ村が作られ、著名な作家や詩人がその恩恵に浴している。もちろん、作家たちを手なずけるために国家がダーチャを「与え」たのだ。

■ パステルナークの菜園

ボリス・パステルナーク（1890～1960）は、この村にダーチャを与えられた作家のひとりで、亡くなるまでの20年あまり、生活の大半をここで過ごした。革命と内戦を生きた知識人の生と愛の軌跡を追った忘れがたい長編『ドクトル・ジヴァゴ』もここで書かれた。パステルナークは、よくみずから菜園で野菜を栽培したという。

畑で農作業をするパステルナーク。後ろにかなり立派なダーチャが見える。

g／手作りのライ麦パンとシチーが並ぶ、ダーチャの一般的な食卓風景。

h／上は塩漬けにした野生のきのこ。下はダーチャの菜園で丸々と太ったビーツ。

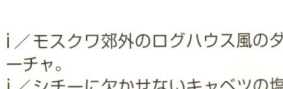

i／モスクワ郊外のログハウス風のダーチャ。
j／シチーに欠かせないキャベツの塩漬けと、きゅうりとトマトのピクルス。

妻ジーナとかなり広い菜園を作りました。（……）昼寝でもしようものなら、貯蔵庫のじゃがいもは凍ってしまうし、きゅうりのピクルスにはカビが生えてしまう。どれもが息づいていて、いい匂いがする。どれも生きているからこそ、死ぬ危険もあるということです。私たちの収穫したじゃがいもは貯蔵庫の半分、酢漬けキャベツが2樽、きゅうりのピクルスが2樽になりました。
（1940年11月15日 従妹オリガへの手紙）

　パステルナークは、まるで、戦後盛んになる菜園型ダーチャを先取りするかのように、自給自足の精神をダーチャに求めたのである。
　ちなみに、ソ連政府は、1930年代から、工場や職場の組合を運営母体としてダーチャを建てることを許可するようになったが、このタイプのダーチャは菜園を目的としているわけではなく、一戸建てのものもあれば、保養や療養を目的としたペンション型のものもあった。
　そしてソ連が崩壊した現在は、不動産の売買が自由になったこともあり、「新ロシア人」といわれる新興富裕層が、ふたたび贅沢な別邸ダーチャを建てるようになってきた。プールやビリヤード室のある超豪華な館まであらわれている。まるで歴史の振り子が振りきれて、もとに戻ろうとしているかのようだ。
　こうして高級な邸宅型からごく質素な菜園型まで、さまざまなダーチャが混在しているのが現状だが、いずれの場合もロシア人のライフスタイルの大事な一部として組みこまれており、これからもその必要性は高まっていくにちがいない。
　なぜならダーチャは、都市と自然を結ぶ仲介者、黄金の子供時代を共有する生き証人、そして不思議の国へいざなう森の番人、汲めども尽きせぬ魅力に満ち満ちているのだから。

ダーチャの恵みをいかした
昔ながらの料理

ロシアの人たちは、夏の間、週末は郊外のダーチャへ通い、野菜や草花を育て、
周辺の森できのこやベリーを摘み、川や湖で泳いだり、魚釣りをしたり、
川原でシャシルィクを焼いて食べたりと、自然とのふれあいを楽しみます。
都市に住む人々にとって、ダーチャはまさに心を癒すための空間なのです。
夏に野菜を収穫するために、2月ぐらいからアパートの出窓で野菜の苗を育て、
5月になるとその苗をダーチャの菜園に移植します。
寒暖の差がはげしいロシアでは、春を迎えると一気に暑くなるので
5月に植えた野菜の苗は2か月もすれば大きく育ちます。
夏の間は、採れたてのフレッシュな野菜をサラダで食べたり、さっと煮炊きします。
そして、冬に備えて、残りの野菜は塩漬けにしたり干したり、
ベリー類はヴァレーニエといわれる砂糖煮にするなど、保存食作りを楽しみます。
この章では、そんな夏を過ごすダーチャの料理を紹介します。

冷たいボルシチ
ХОЛОДНЫЙ БОРЩ
[ハロードヌィ・ボールシィ]

これぞ夏のボルシチ！
最初の出合いは、
リトアニアのホテルでした。
色鮮やかできれいな冷たいボルシチに
感動しました。
後に、モスクワ郊外のダーチャで、
採れたてのビーツを使って、
作り方を教えていただきました。

材料
ビーツ（生）＊……小1個（約200g）
マリネ液
 ┌ 酢……大さじ4
 │ 水……大さじ2
 │ 砂糖……大さじ2
 └ 塩……大さじ1/2
きゅうり……1/2本
玉ねぎ……1/6個
サワークリーム（下記参照）
 ……2カップ
水……2カップ
砂糖……大さじ1
酢……大さじ2
塩、こしょう……各適量
ゆで卵……1個
ハーブのみじん切り
 （ディル、イタリアンパセリ、万能ねぎなど）……適量
つけ合わせ
 ゆでじゃがいも、ディル……各適量

クロス／マリンカ

作り方
1 ビーツは皮をむかずに丸のまま水からゆで、竹串が通るくらいまで1時間ほどゆでる。＊＊
2 粗熱がとれたら皮をむき、5mm角に切る。ボウルに入れて、マリネ液の材料を加え、ビーツのマリネを作る。
3 きゅうりと玉ねぎはみじん切りにする。
4 2に3、サワークリーム、分量の水を加えて混ぜ、砂糖、酢、塩、こしょうで味を調え、冷蔵庫で冷やす。
5 器に盛り、みじん切りにしたゆで卵とハーブを飾る。塩ゆでしたじゃがいもに、ディルのみじん切りをまぶしたものをつけ合わせに添える。

＊缶詰のビーツを使う場合は、1/2缶分の缶汁をきり、マリネ液と合わせる。ビーツはすぐに使わない場合も、マリネにしておけば冷蔵庫で1週間は保存が可能。そのままサラダや料理のつけ合わせにしてもよい。

＊＊皮をむいてからゆでたり、切ってからゆでると、色が落ちてしまう。

ビーツはやわらかくゆで、マリネ液に漬けておく。すぐに使っても、一晩おいてもよい。

サワークリームの作り方
ロシアのサワークリーム、スメターナの味を再現するには、プレーンヨーグルト1カップと乳脂肪40％以上の生クリーム1カップを混ぜ合わせるとよい。

そばのカーシャ
そばの実粥

ГРЕЧНЕВАЯ КАША
［グリェーチニヴァヤ・カーシャ］

カーシャとはお粥のこと。
ロシア人が大好きな
そばの実を使ったお粥です。
朝食に牛乳をかけて食べたり、
玉ねぎやきのこと一緒に
バターで炒めて、
料理のつけ合わせにします。
牛乳は、夏は冷たく、
冬は温めてどうぞ。

材料
そばの実……………1カップ
水……3カップ
塩……小さじ½
バター……大さじ1
牛乳……適量

作り方
1 そばの実を鍋に入れ、パチパチはじけるまで強火で空煎りする。
2 1に分量の水と塩を加え、ふたをして弱火で水分がなくなるまでやわらかく煮る。
3 2にバターを加えて混ぜる。器に盛り、牛乳をかけていただく。好みで砂糖やはちみつをかけてもよい。

ロシアのそばの実は皮がついているので、日本のそばの実より歯ごたえがある。

そばの実は、鍋をゆすりながら焦がさないように注意する。白っぽくはじけるまで、香ばしく空煎りするのがポイント。

Вкусненькие истории
ちょっとおいしい話 1

最も古い伝統料理カーシャ

　カーシャは、シチーと並んで、ロシアの最も古い伝統料理である。ふだん食べる「日常（ケ）」の食べ物であると同時に、儀礼的な意味のある「祝祭（ハレ）」の食べ物でもあり、結婚、出産、洗礼、葬儀といった人生の節目には欠かせないものとされてきた。中世には結婚披露宴で新郎新婦の食べるべき料理がカーシャであるとされ、披露宴そのものも「カーシャ」と呼ばれていたらしい。
　敵同士が平和条約を結ぶときにもカーシャを煮るのが慣わしだった。今でも、話し合いがうまくいかないと「あいつとはカーシャを煮ることはできない」と言う。
　昔ながらの大事な食べ物なので、いろいろな諺がある。「バターが多くてもカーシャはまずくならない（それどころかいいものは多いほどよい）」「自分で煮たカーシャは自分で食べろ（自業自得）」音遊びの面白いこんなものもある。「シチーとカーシャはわれらの食べもの」Щи да каша - пища наша（シィー・ダ・カーシャ・ピーシャ・ナーシャ）

クヴァース ライ麦の発泡性飲料
KBAC
[クヴァース]

夏にロシアに行くと、クヴァースのタンクローリーが
街角に出回り、夏の風物詩になっています。
麦茶を甘くしたような味で、
飲み慣れると癖になるおいしさです。
今ではペットボトルのクヴァースも売られていますが、
やはり手作りの味にはかないません。

材料（作りやすい分量）
ライ麦粉（または油脂を使用していない
　ライ麦パン）……50〜100g
レーズン……20g
りんご……1/8個
レモン……1/2個
水……10カップ
砂糖(あれば三温糖)……30g
はちみつ……大さじ2
ドライイースト……少々

作り方
1 ライ麦粉は、200℃のオーブンで焼き色がつくまで25分ほど焼き、ガーゼなどに包む。
2 レーズンは熱湯でさっと洗う。りんごは芯を除いていちょう切りにする。レモンは皮をむき、薄いいちょう切りにする。
3 鍋に分量の水を入れて火にかけ、煮立ったら1、2、砂糖、はちみつを入れ、よく混ぜて火を止める。熱湯消毒した保存びんに移し、冷めたらドライイーストを加える。密閉せずに軽くふたをして、室温で1〜2日おく。
4 フツフツと発酵してきたら、漉す。冷やして飲む。

＊クヴァースの冷たいスープ（17ページ）を作る場合は、砂糖は入れない。

ライ麦粉とライ麦パンのオーブンでの焼き加減。左が焼いたもの。ライ麦パンの場合は角切りにする。

大きい鍋に分量の湯を沸かし、そこに材料を入れる。ライ麦粉はガーゼに包んでおくと、漉しやすい。

クロス／マリンカ

クロス／マリンカ

オクローシカ クヴァースの冷たいスープ
ОКРОШКА
［アクローシカ］

ロシアのちょっと変わった飲むサラダです。
クヴァースに野菜をプラスして
スープに応用したロシア人の生活の知恵。
よく冷やして召しあがれ！

材料
クヴァース（砂糖を入れないもの）……5カップ
ハム……2枚
ラディッシュ……3個
玉ねぎ……1/8個
きゅうり……1/2本
塩……小さじ2〜3
こしょう……少々
サワークリーム（14ページ参照）……1/2カップ
ホースラディッシュ……適量
ゆで卵……1個
ハーブのみじん切り（ディル、イタリアンパセリ、
　万能ねぎなど）……適量

作り方
1 ハムはみじん切りにし、ラディッシュ、玉ねぎ、きゅうりは粗みじんに切る。
2 ボウルに1を入れ、塩、こしょうを加えて混ぜる。
3 クヴァースを加え、冷蔵庫で冷やす。
4 器に盛り、すりおろしたホースラディッシュ、みじん切りにしたゆで卵とハーブを散らし、サワークリームを添える。

◎スープの浮き身に、魚の燻製やスモークサーモン、サラミやゆで肉などを入れてもいい。塩ゆでしたじゃがいもにディルのみじん切りをまぶして添えても。

ダーチャの恵みをいかした昔ながらの料理

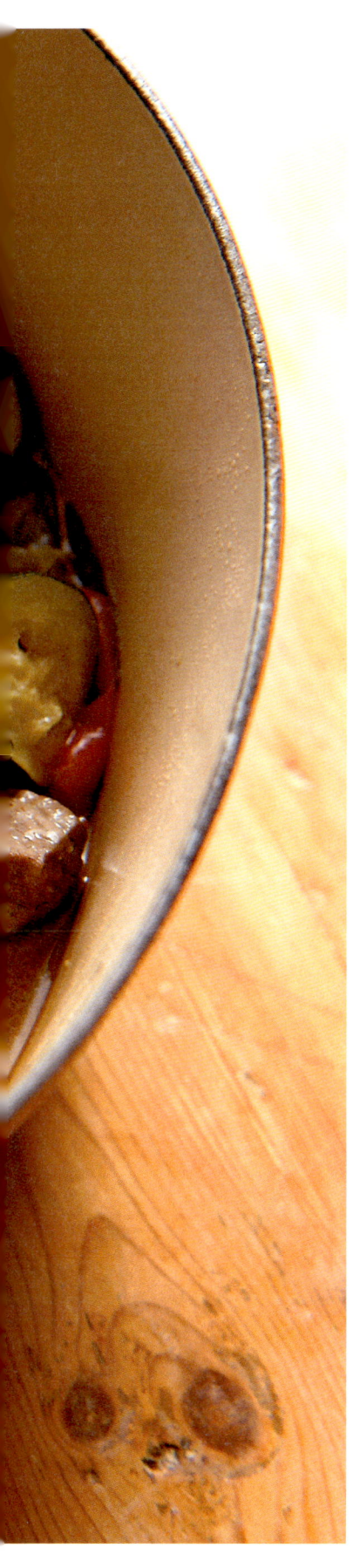

夏野菜と牛肉の蒸し焼き
ЖАРКОЕ
[ジャルコーエ]

ダーチャで採れたての夏野菜をザクザク切り、鍋で蒸し焼きに。
ハーブとにんにくで香りをつけた、ロシア版ラタトゥイユです。
できたてのあつあつはもちろん、冷めてもおいしくいただけます。
ロシアには、ジャルコーエ専用の楕円の鍋があり、
それにたっぷり作ります。

材料（4〜6人分）
牛もも肉……300g
（塩、こしょう……各適量）
トマト……2個
玉ねぎ……1個
セロリ……1/2本
ピーマン、カラーピーマン（赤）……各2個
ズッキーニ……1本
ローリエ……1枚
塩……大さじ1/2
こしょう……少量
水……1/4カップ
油、バター……各大さじ1 1/2
にんにくのすりおろし……1片分
ハーブのみじん切り（ディル、イタリアンパセリ、
　万能ねぎなど）……大さじ2

少量の水だけで蒸し焼きにすることで、野菜の甘みが引き出される。

作り方
1 トマトはくし形切り、玉ねぎ、セロリは5mm幅に切り、ピーマン、カラーピーマンは種を取り5mm幅の輪切り、ズッキーニも5mm幅の輪切りにする。
2 牛肉はひと口大に切り、塩、こしょうをふる。厚手の鍋に、油とバターを熱して、牛肉を炒める。
3 2に1の野菜、ローリエ、塩、こしょうを加えて混ぜ、分量の水を加え、ふたをして弱火で20分ほど蒸し焼きにする。
4 にんにくのすりおろしとハーブを加えてよく混ぜ、火を止める。

◎なすやさやいんげんなどを入れてもよい。

楽しかったきのこ狩り。
ダーチャ周辺の森で採れたきのこで作ると、
おいしさは格別です。
きのこの種類はいろいろありますが、
慣れない私は、毒きのこばかり
採ってしまった経験も。

きのこのサワークリームあえ
ГРИБЫ В СМЕТАННОМ СОУСЕ
[グリブィ・フ・スミターノム・ソーウシ]

材料

きのこ（マッシュルーム、本しめじ、
　生しいたけなど）……300g
玉ねぎ……1/2個
塩……小さじ1/2
こしょう……適量
レモン汁……大さじ1
油……大さじ3
サワークリーム（14ページ参照）……1/4カップ
マヨネーズ……大さじ3
ハーブのみじん切り（ディル、イタリアンパセリ、
　万能ねぎなど）……適量

作り方

1 きのこは食べやすく切るか、小房に分け、玉ねぎは薄切りにする。

2 フライパンに油を熱して、1を強火で炒め、塩、こしょうで味を調える。最後にレモン汁を加えて火を止め、器に盛る。

3 サワークリームとマヨネーズを混ぜ合わせて2にかけ、ハーブを多めにのせる。好みでチーズ（コンテ、グリュイエールなど）をすりおろしてかけても。

くるみの卵焼き
ЯИЧНИЦА С ОРЕХАМИ
[イェイーシニツァ・サレーハミ]

ダーチャで育てたハーブと、
森で採れたくるみを使って作ります。
これだけで栄養満点！
本来はオーブンで焼き上げますが、
ここでは作りやすいように
フライパンを使いました。

材料
卵……4個
くるみ……30g
玉ねぎ……1/8個
ハーブのみじん切り（ディル、イタリアンパセリ、
　万能ねぎなど）……1/2カップ
塩、こしょう……各適量
油、バター……各大さじ1 1/2
レモン（飾り用）……1/2個
イタリアンパセリ（飾り用）……適量

作り方
1 くるみはオーブントースターで焦がさないようにロースト（またはフライパンで空煎り）し、みじん切りにする。玉ねぎはみじん切りにする。
2 ボウルに卵、**1**、ハーブ、塩、こしょうを入れてよく混ぜる。
3 フライパンに油とバターを熱して、**2** を流し入れ、すぐに全体を混ぜ、ふたをして、弱火で蒸し焼きにする。焼き目がついたら裏に返す。
4 レモンとイタリアンパセリを飾る。好みでサワークリームをかけても。

オムレツを作るときの要領で、すぐにフォークなどで全体を軽く混ぜて、ふんわり仕上げる。

トマトときゅうりのサラダ
САЛАТ ИЗ ПОМИДОРОВ И ОГУРЦОВ
[サラート・イス・パミドーラフ・イ・アグルツォーフ]

この夏のサラダはユーラシア全土で食べられています。味つけは塩とこしょうだけのとてもシンプルなものですが、香りのいいハーブが決め手になるので、1種類でもいいですから、ハーブを入れてください。塩味は少し強めに味つけしたほうがおいしいです。

材料
完熟トマト……大1個
きゅうり……1本
玉ねぎ……1/4個
塩、こしょう……各適量
ハーブのみじん切り（ディル、イタリアンパセリ、
　万能ねぎ、香菜、バジルなど）……適量

作り方
1 トマトはざく切り、きゅうりは縦半分に切ってから5mm幅の斜め切り、玉ねぎは薄切りにする。
2 ボウルにトマト、きゅうり、玉ねぎ、塩、こしょうを入れ、さっと混ぜる。冷蔵庫で少し冷やす。
3 2にハーブを加えてさっと混ぜ、器に盛る。

ラディッシュのサラダ
САЛАТ ИЗ РЕДИСА
[サラート・イズ・リジーサ]

ダーチャで採れたラディッシュときゅうりで作る、夏のサラダ。さっぱり味にはヨーグルトを、こってり味にはサワークリームを使ってください。ヨーグルトを塩味で食べるのも新鮮です。よく冷やして召しあがってください。

材料
ラディッシュ……6個
きゅうり……1本
ハーブのみじん切り（ディル、イタリアンパセリなど）
　……適量
ヨーグルト（またはサワークリーム）……250g
塩……小さじ1
こしょう、酢、砂糖……各少々
ゆで卵……1個

作り方
1 ラディッシュときゅうりは薄い半月切りにする。
2 ボウルにヨーグルト、塩、こしょう、酢、砂糖を入れ、よく混ぜる。
3 2、ラディッシュ、きゅうり、ハーブを器に盛る。みじん切りにしたゆで卵を飾り、あえていただく。

なすのサラダ
САЛАТ ИЗ БАКЛАЖАНОВ
[サラート・イズ・バクラジャーナフ]

夏野菜の定番、なすを使ったサラダです。ダーチャで採れたてのなすを多めの油でさっと炒め揚げし、にんにくやハーブとあえるだけ。少々多めの塩で味つけするのがポイントです。

材料
なす……2個
トマト……小1個
玉ねぎ……1/4個
にんにくのすりおろし……1片分
ハーブの粗みじん切り（香菜、ディル、万能ねぎなど）
　……適量
くるみ……適量
塩、こしょう……各適量
油……大さじ3

作り方
1 なすは大きめのさいの目切りに、トマトはさいの目切りにし、玉ねぎは粗みじんに切る。
2 くるみはオーブントースターで焦がさないようにロースト（またはフライパンで空煎り）し、粗みじんに切る。
3 フライパンに油を熱して、なすを炒め揚げし、取り出して塩小さじ1/2をまぶす。
4 ボウルにトマト、玉ねぎ、にんにく、塩、こしょう各少々を入れ、よく混ぜ合わせる。
5 4に3とハーブを混ぜ合わせ、器に盛り、2のくるみを散らす。

油と相性のいいなすは、多めの油を使って炒め揚げにする。

キャベツの漬けもの
КВАШЕНАЯ КАПУСТА
［クヴァーシナヤ・カプースタ］

ロシア人が大好きなキャベツの漬けものです。
本来は塩だけで漬けていたようですが、
酢や砂糖を加えると味が安定し、
おいしくできます。
常備菜としてそのまま食べるだけでなく、
キャベツスープのシチーに
なくてはならない漬けものです。
スープ以外にもサラダや
野菜の蒸し焼きなどにも応用できます。

材料（作りやすい分量）
キャベツ……小1個
にんじん……小1本
マリネ液
　┌ 熱湯……5カップ
　│ 塩……大さじ3
　└ 砂糖、酢……各大さじ1

作り方
1 マリネ液の材料を鍋に入れて煮立て、冷ます。
2 キャベツは細めにざく切りにし、にんじんはせん切りにする。
3 2を混ぜて熱湯消毒した保存びんにぎっしり詰め、上から冷ました1を注ぐ。

◎密閉せずに軽くふたをし、夏なら1～2日、冬なら2～3日室温において発酵させてから食べる。その後密閉し、冷蔵庫で1～2か月は保存が可能。長期間保存する場合は、保存びんに詰めてすぐに密閉し、冷蔵庫か冷暗所におけば、2～3か月は保存が可能。

Вкусненькие истории
ちょっとおいしい話 2

ペーチでことこと煮るシチーの滋味

ロシアの冬は長くて厳しいので、暖炉の果たす役割がとても大きい。古来、農家には、部屋の四分の一ほども占めるロシア式暖炉「ペーチ」があり、家を暖めるだけでなく、煮炊き用のかまどとしても、また老人や子供のための寝床としても使われた。このペーチのかまどに最も適していたのは、ことこと煮こむという調理法である。

そしてロシア人が最も親しんできた野菜といえば、昔から栽培されていたキャベツ。だから、保存食として大量に作っておくキャベツの漬けものを、水といっしょに壺に入れ、ペーチに長時間かけてスープを作るというのは、生まれるべくして生まれたごく自然な料理だった。この素朴なスープ「シチー」こそロシア料理の原点であり、今に伝わる「いにしえの味」なのである。

かつて冬に旅する者は、大きめの桶にシチーを入れて外で凍らせ、持って出かけた。宿場に着くと、少しずつ解凍し、温めて食べたというから、一種のお弁当のようなものである。ちなみにシチーは、何度温め直しても味が落ちないどころか、かえっておいしくなるという。熱いシチーに、旅人の心はどれほど癒されたことだろう。

シチー キャベツスープ
ЩИ
[シィー]

ロシアの伝統的なスープです。
昔からロシアでは、「シチー、カーシャ、チョールヌィ・フレープ、クヴァース（キャベツスープ、お粥、黒パン、ライ麦の発泡性飲料）があれば、ほかは何もいらない」と言われるくらい、シチーは、ロシア人にとって大切なスープです。
キャベツの漬けものを使うことで、酸味が加わり、味わい深くなります。

材料
牛肉（シチュー用）……300g
水……10カップ
キャベツの漬けもの（24ページ参照）*
　……2カップ
じゃがいも……1個
玉ねぎ……1/2個
トマト（またはトマトの水煮1/4カップ）
　……小1個
にんにくのすりおろし……1片分
ローリエ……1枚
塩……小さじ1〜2
こしょう……適量
油、バター……各大さじ1
サワークリーム（14ページ参照）……適量
ハーブのみじん切り（ディル、イタリアンパセリ、万能ねぎなど）……適量

作り方
1 鍋に牛肉と分量の水を入れて強火にかけ、煮立ったら、アクを取りながら弱火で1時間ほど煮て、ブイヨンをとる。
2 じゃがいもは皮をむいて細切り、玉ねぎは薄切り、トマトはさいの目切りにする。
3 1にじゃがいも、キャベツの漬けものを加えて煮る。
4 フライパンに油とバターを熱し、玉ねぎを炒める。しんなりしたらトマトを加え、さらに炒める。
5 3に4、ローリエ、塩、こしょうを加え、具がやわらかくなるまで煮たら、にんにくのすりおろしとハーブ少々を加えて火を止める。
6 器に盛り、サワークリームと残りのハーブを飾る。

＊キャベツの漬けものを使わずに、キャベツ3枚とにんじん1/4本をせん切りにして、作ることもできる。

牛肉でとったブイヨンに、作っておいたキャベツの漬けものを加え、ここに炒めた玉ねぎとトマトを加える。

トマトの塩漬け
СОЛЁНЫЕ ПОМИДОРЫ
［サリョーヌィエ・パミドールィ］

漬けものの種類は、野菜の数だけあります。
ちょっと変わったところでは、
緑のトマトも漬けます。
ロシアの漬けものは甘酢漬けではなく、
塩漬けなのでさっぱりしています。

材料（作りやすい分量）
プチトマト……30個
にんにく……1片
赤唐辛子（種を取る）……1本
黒粒こしょう……10粒
オールスパイス……5粒
ディル……1〜2枝
ローリエ……1枚
マリネ液
　┌熱湯……5カップ
　│塩……大さじ3
　└砂糖、酢……各大さじ1

作り方
1 マリネ液を熱して、冷ます。
2 プチトマトはヘタを取り、竹串で2〜3か所刺して穴を開ける。
3 熱湯消毒した保存びんに、**2**、にんにく、赤唐辛子、黒粒こしょう、オールスパイス、ディル、ローリエを入れ、**1**のマリネ液を注ぐ。

◎密閉せずに軽くふたをし、夏なら1〜2日、冬なら2〜3日室温において発酵させてから食べる。その後密閉し、冷蔵庫で1〜2か月は保存が可能。長期間保存する場合は、保存びんに詰めてすぐに密閉し、冷蔵庫か冷暗所におけば、2〜3か月は保存が可能。サラダ、スープ、煮込み料理、揚げもののつけ合わせなどに用いる。

きのこの塩漬け
СОЛЁНЫЕ ГРИБЫ
[サリョーヌィエ・グリブィ]

収穫した野菜やきのこは塩漬けにして保存し、
いろいろな料理に応用する。

ロシア人はきのこに目がありません。
8月に入ると公園や森林で
きのこ狩りをしている人が目につきます。
モスクワ市内の公園で、
天然のマッシュルームを採ったときは感動しました。
収穫した天然のきのこは、
よく洗ってゆでこぼして、塩漬けにします。
2〜3日おくと発酵し、だんだん酸味が出て
おいしくなります。

材料（作りやすい分量）
生しいたけ……1パック
本しめじ……1パック
舞たけ……1パック
マッシュルーム……1パック
にんにく……1片
ローリエ……1枚
イタリアンパセリ、ディル……各1〜2枝
黒粒こしょう……10粒
マリネ液
  ┌ 熱湯……5カップ
  │ 塩……大さじ3
  └ 砂糖、酢……各大さじ1

作り方
1 しいたけは食べやすい大きさに手でさき、しめじと舞たけは、小房に分ける。マッシュルームは石づきを取り、半分に切る。
2 1のきのこ類はさっとゆでこぼし、水気をよくきる。
3 熱湯消毒した保存びんに、2、にんにく、ローリエ、ハーブ、黒粒こしょうを入れて混ぜ合わせる。
4 マリネ液を熱し、熱いうちに3に注ぐ。
◎密閉せずに軽くふたをし、夏なら1〜2日、冬なら2〜3日室温において発酵させてから食べる。その後密閉し、冷蔵庫で1〜2か月は保存が可能。漬け汁はスープに使う。長期間保存する場合は、保存びんに詰めてすぐに密閉し、冷蔵庫か冷暗所におけば、2〜3か月は保存が可能。

ちょっとおいしい話 3　Вкусненькие истории
きのこの魂

　現代ロシアで、アレクサンドル・ゲニスとピョートル・ワイリほど気の利いた料理エッセイの書ける文芸評論家はいないのではなかろうか。ロシア人がどれほどきのこを愛しているか知るためには、彼らの文章を引くにしくはない。
「森でヤマドリタケに出合ったことがある人なら、きのこに魂が宿っていることをぜったい疑ったりしないだろう。ヤマドリタケはがっしりした好ましい魂、アンズタケはコケティッシュで落ちつきのない魂、アミガサダケはしわだらけの魂、カラハツタケはスラヴびいきの魂を持っている」
　たしかに、森の中できのこが凛として立つ姿には、どこか精神的な雰囲気が漂っている。ロシアの森はなんてファンタスティックなのだろう！　まるでおとぎの国みたいだ。
　いずれも日本ではめったにお目にかかれない種類だというところが残念だけれど、ロシアで食べるきのこ料理は格別だ。「きのこ入りのパイを食べても、舌は歯の裏にしまっておけ」という諺がある。ようするに、どんなにおいしいものをご馳走になっても、調子に乗って余計なことをしゃべらないこと、といった戒めであり、「きのこ入りのパイ」とは「最高においしいもの」の代名詞になっているのである。

ロシア風コンポート
КОМПОТ
[カンポート]

フランスのコンポートは、
ワインと砂糖で果実を煮ますが、
ロシアのコンポートは、
たっぷりの水と砂糖だけで煮て、
実はそのまま砂糖やサワークリームをかけて食べ、
汁はジュースとして飲みます。
ここではラズベリーを使いましたが、
ほかにクランベリー、いちご、りんご、洋なし、
ドライフルーツなど、どんな果実でも作れます。

ラズベリーのコンポートに、砂糖とサワークリームをかけて。

ラズベリーをたっぷりの水と砂糖で煮て、レモン汁を加える。

材料（作りやすい分量）
ラズベリー（または好みの果実）
　……300g
水……10カップ
砂糖……150〜200g
レモン汁……1個分

作り方
1 鍋に分量の水、砂糖、ラズベリーを入れて火にかけ、煮立ったら弱火で3〜5分煮る。
2 1にレモン汁を加え、火を止める。
3 熱湯消毒した保存びんに2を入れ、冷蔵庫で保存する。
◎日本の果実は、酸味が少なくコクがないので、甘みは砂糖で、酸味はレモンで補う。汁を飲むときは、冷やすとよい。

ヴァレーニエ ロシア風ジャム
ВАРЕНЬЕ
[ヴァリェーニエ]

夏になるとロシアでは、
森でベリー摘みをします。
ラズベリー、ブルーベリー、
カシス、ブラックベリーなど、
野生のベリーは濃厚でおいしい！
そんな新鮮なベリーを
甜菜糖だけでサッと煮た、
大変リッチなロシアのジャムです。
見た目にはさらっとしていますが、
コクがあります。

クロス／マリンカ

材料（作りやすい分量）
いちご（または好みのベリー）……1kg
砂糖（あれば甜菜糖）……300〜500g
レモン汁……½個分

作り方
1 いちごは洗い、ヘタを取る。
2 ホーロー製の鍋に、いちご、砂糖、レモン汁を入れて火にかけ、アクを取りながら中火で5〜10分煮る。
3 熱湯消毒した耐熱の保存びんに**2**を熱いうちに入れ、ふたをして、冷めるまでビンを逆さにしておく。
◎果実ならどんな種類でも作れる。砂糖は、果実の量の30〜50％が目安。

モールス ヴァレーニエの飲みもの
MOPC
[モールス]

クロス／マリンカ

ヴァレーニエを氷水で割った、
手作り清涼飲料水のモールスは、
ロシア人の生活の知恵のたまものです。
好みのヴァレーニエでお試しください。

材料（作りやすい分量）
ヴァレーニエ（上記参照）……1〜1½カップ
氷水……5カップ
レモン汁……適量

作り方
ヴァレーニエ、氷水、レモン汁をポットに入れ、よく混ぜてグラスに注ぐ。

パンと塩のもてなし

　ロシア人の客のもてなし方は、じつに思いきりがいい。「暖炉（ペーチ）にあるものはぜんぶ出せ」という諺があるが、まさにそのとおり、持てるものをすべて客に提供するというのがロシア式の接客精神だ。

　その精神は「もてなし」という言葉にも刻みこまれている。

　ロシア語で「パン」を хлеб（フレープ）、「塩」を соль（ソーリ）というが、このふたつの言葉を並べて、「パン塩　хлеб‐соль（フレープ・ソーリ）」あるいは「パンと塩　хлеб да соль（フレープ・ダ・ソーリ）」といったり、一語にして「хлебосольство（フレボソーリストヴォ）」というと、「もてなし、歓待」の意味になる。食べ物のなかで最も大事なパンと塩を、客とともに分かちあうことがもてなしの基本だということであろう。

　言葉でこう表現されるだけでなく、実際にも儀式として執り行なわれる。来賓、新婚のカップル、新居に引っ越してきた人を歓待するとき、ふきんかお盆に大きなカラヴァイ（丸パン）を載せ、それに塩入れを置いて差しだすという風習が今でも残っている。ロシアの食文化研究家ヴィリヤム・ポフリョプキンによると、ここでは、パンは食卓そのものをあらわし、塩はというと、古くは火事から家を守るものを意味していたが、やがておいしい食事を象徴するようになったという。パンと塩だからといって、質素な料理という意味ではなく、最大級のご馳走という意味なのである。

　ゴーゴリの中編『昔かたぎの地主たち』には、客好きな老地主夫婦が人をもてなす様子が描かれていて面白い。小説の舞台は19世紀前半のウクライナである。

　この夫婦は気立てがよく、客のために生きているといってもいいような人たちだった。家にどんないいものがあろうと、ふたりは、かならずすべて客に出したし、自分たちの領地でとれたあらゆるものを客に勧め、先を争ってもてなそうとするのだった。

　奥さんのプリヘーリヤ・イワーノヴナは、ザクースキ（前菜）の並べられたテーブルへと客を導きながら、上機嫌で説明を始める。これはタイムを入れたきのこの塩漬け、こちらはクローブやペルシャくるみを入れたきのこ、こちらはすぐりの葉とナツメグ入りのきのこですよ、それからここにあるのは、チーズ入りピロシキ、あちらはキャベツとそばのカーシャを入れたピロシキですよ……といった具合に。

　客はたいてい断りきれず、これ以上食べられないというほど満腹になる。

「よく働けば、よく実る」というスローガンが掲げられた1947年のポスター。農家の主婦が持っているのはカラヴァイという大きな丸パン。

友人同士で集まっては、飲んだり食べたり、歌ったり踊ったりして楽しむのがロシア人は大好き。

　すさまじいまでの気前のよさは、現実のロシア貴族にも見られた。チェルヌィシェフ家、サルティコフ家、シェレメチェフ家などのモスクワの邸宅では、来賓のために「オープン・テーブル」が設けられていた。決められた時間になると食卓が開放され、きちんとした身なりをしている人ならだれでも自由に屋敷に入れ、食事をふるまわれたという。

　でも、そんな財力がなくても、また食料品さえ手に入れることの難しいソ連時代になっても、ロシア人の歓待精神は途絶えず、時代を超えて脈々と生きつづけた。ソ連時代を通じて、一般のロシア人はレストランで外食をすることなどめったになく、友人と会って楽しく時を過ごすとすれば、もっぱら自宅か友人の家だった。人を招くとなったら、少し値段は高いけれど質のいい生鮮食料品を売っている「自由市場」に行って材料をそろえ、こういうときのためにとっておいた漬けものや缶詰を出し、腕によりをかけて料理を作る。

　厳しく辛い時代にあっても、仲間同士で集まれば、一口話（aнекдoт アネクドート）を披露しあって笑い、詩を朗読しあって人々は憂さ晴らしをしたものである。アネクドートは、ときに為政者に向けられた痛烈な皮肉や洒落たブラックユーモア、ときにエロティックな小話や愉快な言葉遊びとさまざまだが、まさしく現代のフォークロアである。

　そして、そういった気のおけない友人たちとの集まりでは、かならずといっていいほど、オクジャワやヴィソツキーらの歌が口ずさまれるのだった。現代ロシアの吟遊詩人と言われるブラート・オクジャワ（1924～1997）の詩には、どれにも深い憂愁が漂っているが、それと同時に人を慰める何かがある。

　　地球がまだ廻っていて
　　光がまだ明るいうちに
　　神よ、ひとりひとりに
　　足りないものをお与えください
　　賢い者には知恵を、臆病者には馬を
　　幸せ者には金を……
　　そして私のことも忘れないで
　　　　　　　　　　　　「祈り」

　だれもが彼の詩を諳（そら）んじ、ギターに合わせて歌った20世紀後半、アネクドートと吟遊詩人の歌は、パンと塩さながら、なくてはならない心の活性剤だったと言えるかもしれない。

日本でもおなじみの
ロシア料理をマスターしよう

「ロシア料理をごぞんじですか？」「ロシア料理を召しあがったことはありますか？」
と尋ねると、必ず「ボルシチとピロシキでしたら知っています」と皆さん答えます。
ロシアには、ほかにもおいしい料理がたくさんあるのに、と非常に残念に思います。
さらに、ボルシチやピロシキも、日本に伝わっているものとは少し違います。
たとえばピロシキは、揚げないタイプが多く、具も挽き肉だけでなくじつに多彩です。
ボルシチも、ビーツなどの野菜はせん切りにし、
味もコクはありますが、あっさりしています。
そこでこの章では、日本で親しまれているロシア料理を取り上げて
本場の味が家庭でも楽しめるように、分かりやすく紹介します。

ピロシキ
ПИРОЖКИ
[ピラシキー]

ピロシキは、日本のおにぎりのような
存在で、具（ナチンカ）もいろいろ。
調理法はオーブンで焼くタイプ、
油で揚げるタイプがあり、
ヨーロッパ側では焼くタイプ、
シベリア側は揚げるタイプが一般的です。
今回は、ロシアの家庭で
最もオーソドックスな
パン生地タイプを紹介します。
具は、キャベツの炒めものと
牛挽き肉の炒めもの、
2種類紹介します。
具によって包み方を変えると、
中身が分かっていいですね。

材料（15個分）
パン生地
- 強力粉……300g
- ドライイースト……小さじ山盛り1
- 砂糖……大さじ2
- 塩……小さじ½
- 溶き卵……½個分
- 牛乳（人肌に温める）……約1カップ
- バター（室温に戻す）……20g

ナチンカ（具）A
- 玉ねぎ……¼個
- キャベツ……⅛個
- にんじん……⅛本
- 塩……小さじ½
- こしょう……適量
- 油……大さじ3

ナチンカ（具）B
- 牛挽き肉……150g
- 玉ねぎ……¼個
- 塩……小さじ½
- こしょう……適量
- 油……少量

溶き卵……½個分

1
パン生地を作る。ボウルに強力粉、ドライイースト、砂糖、塩、溶き卵、温めた牛乳を入れてゴムべらで混ぜ、生地がまとまるようになったらやわらかくしたバターを加え、ひとまとめにして手で練る。

2
生地がなめらかになったら、丸めてボウルに入れ、ラップをして温かい所（約28℃）に50分ほどおき、発酵させる。

3
具のAを作る。玉ねぎ、キャベツ、にんじんはみじん切りにする。フライパンに油を熱して野菜を炒め、塩、こしょうで味を調える。

ピロシキの具のいろいろ

左手前から時計回りに／牛挽き肉の炒めもの／キャベツの炒めもの／マッシュポテト（じゃがいもをゆでてつぶし、牛乳、バター、卵黄、塩、こしょうを混ぜる）／きのこの炒めもの（刻んだきのこを油で炒め、塩、こしょうで調味する）／りんごの甘煮（いちょう切りにしたりんごを、砂糖とバターでやわらかくなるまで煮る）／ご飯に、刻んだゆで卵と万能ねぎを混ぜたもの

揚げピロシキ

日本でおなじみの揚げピロシキは、焼きピロシキと作り方はほとんど同じで、溶き卵を塗らずに、油で揚げればよい。パン生地が焦げやすいので注意する。

手順 **7** まで同様に作る。フライパンに1～2cmほど油を入れ、低温（約140℃）できつね色に揚げる。

4
具のBを作る。フライパンに油を熱し、みじん切りにした玉ねぎを炒め、牛挽き肉を加えてさらに炒め、塩、こしょうで味を調える。

5
生地が倍くらいにふくらんだら、15等分して丸め、めん棒で楕円にのばす。

6
3と**4**を生地の数に合わせて等分し、生地の中央にのせ、半月型にしっかり閉じる。

7
生地の縁をつまんで模様にしたり、端からねじりながら閉じるなど、好みの形にする。
◎この状態で冷凍保存も可能。

8
オーブンシートを敷いた天板に**7**を並べ、乾いたふきんとラップをかぶせ、温かい所で15分休ませる。上に溶き卵を塗り、200℃に熱したオーブンで10～12分焼く。

ボルシチ
БОРЩ
［ボールシィ］

ボルシチはウクライナの郷土料理ですが、
ロシア全土で食べられています。
日本のみそ汁のようなもので、
地方によって材料や味つけが少しずつ違います。
ここで紹介するのは、ロシアの家庭の一般的な作り方です。
日本では、野菜を大きく切りますが、
ロシアではスライサーを使って細切りにします。

材料

豚スペアリブ（または牛肉シチュー用300g）……500g
水……10カップ
ビーツ(生)*……小1個(200g)
じゃがいも……1個
玉ねぎ……1/2個
にんじん……1/4本
セロリ……1/4本
キャベツ……2枚
トマト（またはトマトの水煮1/4カップ）……小1個
ハーブのみじん切り（ディル、イタリアンパセリ、
　万能ねぎなど）……適量
にんにくのすりおろし……1片分
ローリエ……1枚
塩……小さじ2〜3
こしょう……少々
油……大さじ2
バター……大さじ1
サワークリーム(14ページ参照)……適量

＊缶詰のビーツを使う場合は、1/3缶分を細切りにし、手順**4**の最後に加える。

ちょっとおいしい話 4

Вкусненькие истории

ロシアのスプーン

ロシアの土産物店では、よくホフロマ塗りのスプーンを見かける。ホフロマ村で17世紀後半から作っている木の塗り物で、植物の模様を赤、黒、金の3色で描き、釉薬をかけて窯で焼きつけるという。

『原初年代記』によれば、10世紀にはすでにウラジーミル大公の近衛兵たちが木製のスプーンを使っていたことが記されている。フォークが広く普及するのは18世紀以降なので、ロシアの食卓ではかなり長い間スプーンが食具として君臨していたことになる。木製スプーンはいろいろな形のものが作られたが、最もいいのは、カエデか白樺を材料にしたものと考えられていた。

古来、農家では、テーブルの真ん中に大皿がひとつ置かれ、そこにスープがよそわれると、テーブルについた家族は、それぞれのスプーンでその皿からすくってそのまま口に持っていったという。つまり自分用の「取り皿」がなかったのである。

昔ながらの風習で面白いのは、食事の前に大皿の上に全員のスプーンが置かれると、一家の主婦は、スプーンの数が家族の人数よりも多くないか、確かめなければいけないとされたこと。家族の数よりもスプーンが多ければ、妖怪がいっしょに食事をしようとしていることを意味すると信じられていたのである。どうやらロシアの妖怪は食いしん坊のようである。

1
鍋に分量の水と豚スペアリブを入れて強火にかける。アクを取り、煮立ったら弱火にして1時間煮て、半量くらいに煮詰める。キッチンペーパーで漉して、ブイヨンをとる。肉の骨を除き、ひと口大に切る。

2
ビーツは皮をむき、スライサーでせん切りにする。じゃがいもは皮をむいて7〜8mmの細切り、玉ねぎは薄切り、にんじんは5mm幅の細切り、セロリはせん切り、キャベツは細めのざく切り、トマトは1cm角に切る。

3
フライパンに、油とバターを熱し、玉ねぎ、にんじん、セロリを順に炒め、トマト、ビーツを加えてさらに炒める。

4
1に**3**を入れ、キャベツ、じゃがいも、塩、こしょう、ローリエを加えて5〜10分煮込む。

5
ハーブを少量残して、にんにくとともに加えてよく混ぜ、火を止める。器に盛り、サワークリームをかけ、残りのハーブを散らす。

きのこの壺焼き
ГРИБЫ, ЗАПЕЧЁННЫЕ В ГОРШОЧКЕ
[グリブィ、ザピチョーヌィエ・ヴ・ガルショーチキ]

ロシアの壺焼きは、パン生地をかぶせて焼きます。
中のソースはサワークリーム味、コンソメ味、
トマト味などがありますが、
ここではきのことよく合う、
濃厚なサワークリーム味を紹介します。
パン生地はピロシキと同じ配合なので、
ぜひ覚えてください。
ふたのパンをはがして、ソースをつけながら食べます。

材料(4〜6人分)
パン生地
- 強力粉……300g
- ドライイースト……小さじ山盛り1
- 砂糖……大さじ2
- 塩……小さじ½
- 溶き卵……½個分
- 牛乳(人肌に温める)……約1カップ
- バター(室温に戻す)……20g

ソース
- マッシュルーム……1パック
- 本しめじ……1パック
- 玉ねぎ……½個
- 鶏胸肉……½枚
- (塩、こしょう……各少々)
- 小麦粉……大さじ1
- 牛乳……1カップ
- サワークリーム(14ページ参照)……1カップ
- 塩……小さじ1
- こしょう……適量
- バター……大さじ1

溶き卵……½個分

1 パン生地を作る。ボウルに強力粉、ドライイースト、砂糖、塩、溶き卵、温めた牛乳を入れてゴムべらで混ぜ、生地がまとまるようになったらやわらかくしたバターを加え、生地がなめらかになるまで手で練り、丸くまとめる。

2 ラップをして温かい所(約28℃)に50分ほどおき、倍にふくらむまで発酵させる。

3 ソースを作る。マッシュルームは四つ割りにし、しめじは小房に分ける。玉ねぎはみじん切りにする。鶏肉はさいの目に切り、塩、こしょうをふり、下味をつける。

4 鍋にバターを熱して鶏肉、玉ねぎ、マッシュルーム、しめじを炒め、小麦粉を加えてさらに炒める。牛乳、サワークリーム、塩、こしょうを加え、よく混ぜて味を調え、弱火で7分ほど煮て、火を止める。

5 2を4〜6等分し、使用する器の口よりひと回り大きく丸くのばす。

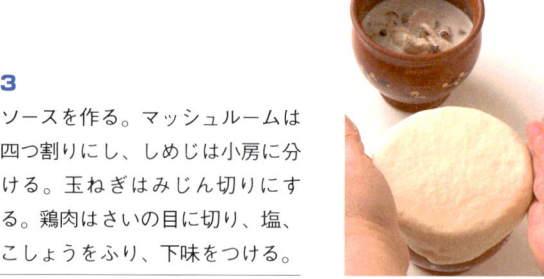

6 4を器に入れ、器の口に溶き卵を塗り、5をかぶせ、しっかり押さえてはりつける。

7 天板に6を並べ、パン生地の上にも溶き卵を塗る。200℃に熱したオーブンで約12分焼く。

◎写真の壺はモスクワで手に入れたもの。壺の代わりに、マグカップや茶碗蒸しの器などを使うとよい。

日本でもおなじみのロシア料理をマスターしよう　39

ロールキャベツ
ГОЛУБЦЫ
[ガルプツィ]

ロールキャベツは地方によって味つけが異なり、
トマト味、サワークリーム味、レモン味、
トマトとサワークリーム味のものがありました。
元々は、イスラム料理のドルマという食べもので、
ぶどうの葉に、米や木の実、羊肉を包み、
塩とレモン汁で煮たものでした。
南のコーカサス地方からウクライナに伝わり、
今のようなロールキャベツになったのは、
19世紀に入ってからです。
具を包んだキャベツに、
油で焼き色をつけることでうまみが増します。

1
キャベツはさっとゆで、水気をきる（ゆで汁はとっておく）。芯の部分をめん棒でたたいてつぶし、包みやすくする。

2
具を作る。米は湯で洗い（水よりも浸透しやすい）、水気をきる。玉ねぎはみじん切りにする。具の材料をすべてボウルに入れ、よく練る。

3
1のキャベツを広げて、8等分した**2**をのせ、きっちり包む。

4
深めのフライパン（または浅鍋）に油を熱し、**3**を並べて入れ、ときどき返しながら全体をきつね色に焼く。
◎ロールキャベツが煮くずれないように、隙間なくきっちり並べられるフライパンか鍋を使うこと。

5
煮汁の材料をすべて加え、煮汁が半量になるまで弱火で20分ほど煮込む。器に盛り、サワークリームをかけてハーブを飾る。

材料
キャベツ……8枚
ナチンカ（具）
├ 合挽き肉……300g
├ 米……1/4カップ
├ 玉ねぎ……1/2個
├ イタリアンパセリのみじん切り……大さじ2
├ 塩……小さじ1 1/2
└ こしょう……適量
煮汁
├ トマトピュレ（またはトマトの水煮）……1カップ
├ キャベツのゆで汁……1カップ
├ サワークリーム（14ページ参照）……1カップ
├ ローリエ……1枚
├ 塩……小さじ1 1/2
└ こしょう……少々
油……大さじ1
サワークリーム……適量
ハーブ（ディル、イタリアンパセリなど）……適量

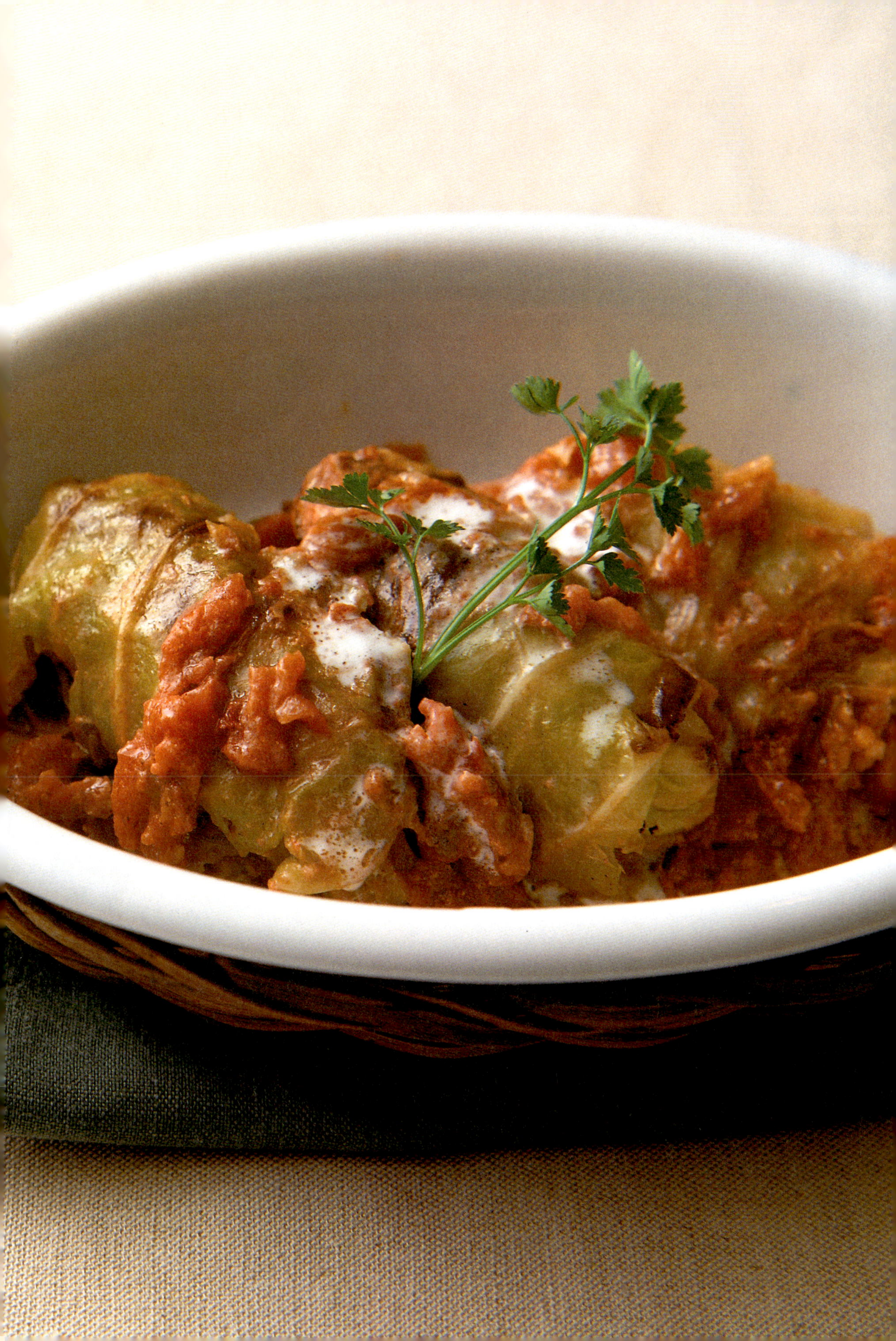

ビーフストロガノフ
БЕФСТРОГАНОВ
［ベフストローガナフ］

世界的に有名なこの料理は、
玉ねぎのうま味とサワークリームが混ざり合った
シンプルですが濃厚でぜいたくな味です。
「玉ねぎなくしてロシア料理は語れない」というくらい、
ロシア料理では玉ねぎをよく使います。
玉ねぎを茶色になるまで炒めて、
うま味を出すのがポイントです。

材料

- 牛ヒレ肉(または牛もも肉)……300g
- 玉ねぎ……1個
- サワークリーム(14ページ参照)……2カップ
- トマトピュレ……大さじ1
- 小麦粉……大さじ½
- 塩……小さじ2
- こしょう……適量
- ハーブ(ディル、イタリアンパセリなど)……適量
- 油……大さじ1
- バター……大さじ1
- つけ合わせ……きのこのピラフ(下記参照)

1 牛肉は長さ4cm幅5mmくらいに細長く切る。玉ねぎは薄切りにする。

2 フライパンに油を熱して牛肉を炒め、塩、こしょう各少々で調味し、皿に取り出す。

3 2のフライパンにバターを溶かして玉ねぎを茶色になるまでよく炒め、小麦粉を加えてさらに炒める。

4 2の牛肉を戻し入れ、サワークリーム、トマトピュレを加えてよく混ぜて軽く煮、残りの塩、こしょう少々で味を調える。皿に盛り、きのこのピラフを添えて、ハーブを飾る。

きのこのピラフ(つけ合わせ)

材料

- マッシュルーム……4個
- 玉ねぎ……¼個
- にんにく……1片
- 米……2カップ
- 湯……2カップ強
- 塩……小さじ1
- こしょう……少々
- 油、バター……各大さじ1

作り方

1 鍋に油とバターを熱して、薄切りにした玉ねぎ、マッシュルーム、にんにくを炒め、塩、こしょうする。

2 米を加えて炒め、分量の湯を注ぎ、ふたをして中火で3分、弱火で7分炊く。火を止めて3分蒸らす。

にしんの塩漬け
СОЛЁНАЯ СЕЛЬДЬ
[サリョーナヤ・シェーリチ]

ウォッカに欠かせないおつまみです。
北欧やバルト三国で食べられているにしんの多くは、
甘酢漬けになっていますが、
ロシアのにしんは、ほとんどが塩漬けです。
塩に同量の砂糖を混ぜてしめると、生臭みがとれ、味に深みが出ます。

材料
にしん……大1尾
塩……大さじ½
砂糖(あればきび砂糖)……大さじ½
油……少々
つけ合わせ
　玉ねぎ(薄切り)……½個分
　ゆでじゃがいも
　　(みじん切りのディルをまぶす)……適量
　きゅうりのピクルス(食べやすく切る)
　　……適量
　レモンの輪切り……適量

作り方
1 にしんは、うろこ、頭を落とし、三枚におろす。塩と砂糖を混ぜたものを身の両面にまぶし(写真右)、ラップをして浸透するまで室温においてから冷蔵庫に一晩おく。

◎すぐに食べたいときは、塩と砂糖を多めにふる。

2 1の皮を頭の方から尾に向かってむき、1cm幅に切る。器に玉ねぎを敷いてにしんを盛り、油をかける。ゆでじゃがいも、ピクルス、レモンを添える。

サーモンの塩漬け

СОЛЁНАЯ КЕТА
[サリョーナヤ・キター]

バルト海やフィンランド湾で捕れたサーモンを、
北欧、バルト、ロシアなどの北国ではよく食べます。
脂ののったサーモンは、塩漬けにするほか、
スモークにしたり、ゆでたり、蒸したり、焼いたり、煮たりと、
いろいろな調理法で食べます。
にしん同様、塩に同量の砂糖を混ぜて
マリネするのがポイントです。

材料

生ざけ(三枚におろしたもの、
　　または刺身用)……500g
塩……大さじ1
砂糖(あればきび砂糖)……大さじ1
ディル……2～3枝
油……適量
玉ねぎ……1個
つけ合わせ
　玉ねぎ(薄切り)……1/2個分
　ケイパー……少々
　きゅうりのピクルス……適量
　レモンの輪切り……適量
　ディル(飾り用)……適量

作り方

1 塩と砂糖を混ぜたものを生ざけの両面にふり、ディルを小さくちぎってのせ、ラップをして浸透するまで室温においてから冷蔵庫で一晩おく。

◎すぐに食べたいときは、多めの塩と砂糖でマリネする。

2 一晩おいたら(写真下)、水気をふき、皮と骨を取り、薄く切る。器に玉ねぎを敷いてサーモンの塩漬けを盛る。油をかけて、ケイパーを散らす。ピクルスとレモンを添えて、ディルを飾る。

クロス/マリンカ

Вкусненькие истории
ちょっとおいしい話 5

多彩なロシアの前菜 ザクースキ

ロシアの前菜(単数 закуска ザクースカ、複数 закуски ザクースキ)はとても多彩だ。ロシア本来の各種野菜やきのこの酢漬け、塩漬け、肉や魚の煮こごり、魚のマリネ、キャビア。これらに、フランスやドイツのレバーペーストやソーセージ、オープンサンドなどが加わって発達したといわれる。

その昔、地方の地主は、いつ長旅の来客が来てもいいように、冷めても食べられる料理をつねに用意しておいた。ザクースキのテーブルは玄関近くに置かれ、スープや肉料理ができるまでのあいだ、客はウォッカを飲みながらここでザクースキをつまんで待ったという(ザクースキという言葉は「軽くつまむ закусить ザクシーチ」という動詞から来ている)。

チェーホフの短編「海の魔女(サイレン)」は、一種のグルメ小説といっていいだろう。
「いちばんおいしいザクースカは、なんといってもにしんですよ。玉ねぎを添えマスタードソースをかけて一切れ食べるでしょ。まだおなかの中にウォッカの火花を感じているうちに、イクラをそのまま、いや、なんでしたらレモンといっしょに食べるといい。それから大根に塩をかけて食べ、それから、もう一度にしんですね。でも、何よりもおいしいのは塩漬けのカラハッタケですよ……」
こういう話が延々と続くのだから、おなかのすいているときにはたまらない。本を放りだして「つまみ食い」をしたくなること、まちがいなしである。

ライ麦パン
РЖАНОЙ ХЛЕБ
［ルジャノーイ・フリェープ］

ロシアや北欧などの北国では、
ライ麦パンを主食にしています。
硬くどっしりしたパンですが、
よくかむと味わいがあります。
本来は、ライ麦から作る天然酵母で作りますが、
時間と技術を要するので、
ここでは誰でも簡単にできる
ドライイーストを使った作り方を紹介します。

材料

ライ麦粉……200g
強力粉……100g
ドライイースト……小さじ山盛り1
砂糖……小さじ1
塩……小さじ1
ぬるま湯……約1カップ
ワインビネガー（または酢）……大さじ2
打ち粉（ライ麦粉）……適量

1
ライ麦粉の分量の中から大さじ2をとり、砂糖、塩、ぬるま湯、ワインビネガーを合わせて、よく溶き、15分おく。ボウルに残りのライ麦粉と強力粉、ドライイーストを入れ、溶いた液を加える。

2
ゴムべらで混ぜ、全体がまとまるようになったら、手で生地がなめらかになるまでよく練る。

3
丸くまとめてボウルに入れ、ラップをして温かい所（約28℃）に1時間おき、倍にふくらむまで発酵させる。

4
3を練り、打ち粉をして25cm長さの棒状に成形する。クッキングシートを敷いた天板にのせ、生地の上部に1本切れ目を入れる。

5
4に乾いたふきんをかけてラップをし、温かい所（約28℃）に15～30分ほどおき、さらに発酵させる。

6
ふきんとラップをはずし、220℃に熱したオーブンで20～25分焼く。冷めてから、切り分ける。

ちょっとおいしい話 6

Вкусненькие истории

黒パンと白パン

ロシアでは昔から、白パンより黒パンのほうが好まれてきたが、これにはふたつの理由が考えられる。

ひとつは、黒パンの原料となるライ麦が、寒冷な気候や痩せた土壌といったロシアの厳しい自然条件でも育つ強い植物だったということ。南のほうに下るにしたがって、暖かく肥沃な自然に恵まれ、白パンの原料である小麦の栽培に適してくる。ウクライナは小麦の一大生産地帯だ。

もうひとつは、ライ麦パンのほうが健康にいいと考えられてきたこと。ライ麦粉自体が栄養価が高いというのもさることながら、ロシア人は昔から「すっぱいものは体にいい」と信じているので、黒パン独特の酸味がその証拠と見なされたのかもしれない。

たしかに、ロシアでは小麦粉は貴重だったので、白パンは主に金持ちの食べるものとされていたし、貧しい家では祝祭日にしかお目にかかれない高価なパンだったわけだが、裕福でも健康のために黒パンを好むという人もいた。エカテリーナⅡ世はそのひとりである。

昔からロシアの黒パンは酵母を使って焼いた。でも天然酵母を作るのは時間がかかるため、毎回、酵母から作っているわけにはいかない。そこで前の日に作ったパン生地（ドー）を少し残しておいて、その日の生地に混ぜる。その日のドーはまた翌日のために少しだけ残しておく。このようにしてドーが絶えないようにしていた。農民が引っ越すと、真っ先に、近所の家にドーをもらいにいったという。

日本のロシア料理事始め

　日本に初めてロシア料理が紹介されたのはいつだろうか。

　これを資料できちんと裏づけることはなかなか難しいが、1858（安政5）年、ヨシフ・ゴシケーヴィチが函館のロシア領事館に初代領事として赴任したときには、おそらく随員のなかにロシア人の料理人もいただろう。ゴシケーヴィチは、領事館の敷地内にハリストス正教会を建て、1861（文久1）年には宣教師ニコライをそこに迎えている（現在、東京神田駿河台にある「ニコライ堂」はこのニコライの名にちなんでつけられたものである）。

　面白いのは、函館のハリストス教会でロシア料理をマスターした日本人がいたということである。幕末、旧幕府軍と新政府軍がたたかった戊辰戦争。1869（明治2）年には、函館の五稜郭で榎本武揚ら率いる旧幕府軍が、官軍に最後の抵抗を試み、敗走する。この旧幕府軍の一員だった五島英吉という男が、助けを求めて逃げこんだ先がハリストス教会だった。ニコライ神父にかくまわれ命拾いした五島は、その恩返しのため教会に住みこみ、ロシア正教の洗礼を受けて、教会のために働くようになる。そこでパンの焼き方やロシア料理の作り方を覚えたのである。

　やがて、若山惣太郎という人が1879年、ロシア料理とパンの店を開くにあたり、五島は見込まれてそこの初代シェフになった。店の名前「五島軒」は五島英吉の功績にちなんでつけられたという。

　五島軒はその後、フランスで修業した人を調理人に雇い、フランス料理店として生まれ変わることになるが、創業当時は、ボルシチ、ピロシキ、そば粉を使ったブリヌィ、かきの燻製のザクースカ、サーモン入りのクレビャーカ（パイの一種）などを出していたらしい。

　ボルシチに関しては、もう少し時代が下って大正時代に、ワシーリイ・エロシェンコ（1890〜1952）というロシアの詩人が日本人に伝えたという話も残っている。エロシェンコは、東京・新宿の中村屋に下宿していたことがあり、そのときに作り方を残していったようだ。

　中村屋とエロシェンコの関係は、とても興味深い。新宿でパン屋「中村屋」を始めた経営者、相馬愛蔵と黒光は知的な夫妻で、作家の秋田雨雀、ジャーナリストの神近市子、ロシア文学者の片上伸、画家の中村彝など多くの文化人と交流があり、中村屋は一種の文化サロンのような賑わいがあった。

　南ロシアの小さな村に生まれたエロシェンコは、

中村彝の描いたエロシェンコ像。

明治12年創業の五島軒のパンフレット。現在は西洋料理のレストランとして人気を集めている。

　４歳のときにかかったハシカが原因で盲目となったが、音楽と語学の才能に恵まれ、詩人の魂を持った人だった。「日本では盲人が自活している」と聞いて、1914（大正３）年、遠路はるばる来日し、しばらく盲学校で学んでいたが、やがて生活に窮してしまった。そんなエロシェンコを、相馬夫妻が中村屋に住まわせ、息子のように面倒を見たのである。
　人なつこい性格、童話や詩を書き、バイオリンを弾き、ロシア民謡を巧みに歌う天分のおかげで、エロシェンコは多くの日本の文化人に愛されたが、1921年、社会主義を信奉する危険人物として日本から追放されてしまった。その後、中村屋は1926年、喫茶部を開いたときに、インド式のカリーとボルシチをメニューに入れたという。カリーはインド独立の闘士で亡命革命家のラス・ビハリ・ボースから、ボルシチはエロシェンコから伝授されたものだというから、大正時代のリベラルな事業家のすぐれた国際感覚が感じられる。
　ほかに、日本に西欧の食文化をもたらしたロシア人としては、製菓業に従事した人たちがいる。たとえば、日本で初めて高級チョコレート専門店を開いたモロゾフ親子。
　ロシア革命が勃発した直後、シンビルスクの富裕な商人だったフョードル・モロゾフは、家族とともにロシアをあとにし、1920年代当時、白系ロシア人が数百人いたといわれる神戸にやってきた。そして1926（昭和２）年、神戸のトアロード街で息子ヴァレンチンとともにチョコレートやキャンディの店を始めたのである。
　その後、日本人の出資で「神戸モロゾフ製菓株式会社」が設立され、フョードルとヴァレンチン親子は独立して「ヴァレンタイン洋菓子店」を開いた。しかし第二次世界大戦で店舗が焼けてしまい、戦後、1951年に名称も「コスモポリタン製菓」と変えて新たなスタートを切った。現在も神戸三宮にコスモポリタン製菓本店がある。
　ちなみに、バレンタインデーにチョコレートを贈ることを最初に提案したのは、このヴァレンチン・モロゾフだという（1936年に日本の英字新聞に広告を出したということだ）。昔からロシアでは、誕生日のほかに、自分と同じ名前の聖者の日を「名の日」として祝う習慣がある。ヴァレンチンの「名の日」は２月14日なのである。
　ヴァレンチンは創業当初から、この日になると、ハート型の箱で飾ったチョコレートを店に出していたという。もっとも、「女性が男性にチョコレートを贈る」という習慣が日本に根づくのは、かなり時間が経ってからではあるけれど。

ロシアの精進料理

　ロシアに「精進料理」があるなんて、意外に思われるだろうか。でも、じつはこれがロシアの伝統料理のだいじな一翼をになってきた。

　キエフ大公ウラジーミルがギリシャ正教を国教として受け入れたのは988年。それ以来ロシア人は、正教の定める「斎戒＝精進」つまり食事制限を守って生活してきた。20世紀初頭、ロシア革命が起こり、革命政権が「宗教はアヘンである」として宗教を否定するまで、この禁忌は大なり小なりロシア人の食生活を縛りつづけ、食文化に大きな痕跡を残すことになった。

　キリスト教のなかでも、正教はことのほか斎戒の規則が厳しく、肉食を禁ずる斎戒日が1年に200日前後もある。毎週水曜と金曜のほか、何日も続く期間が4回、斎戒期とされているのだ。たとえば、復活祭（春分直後の満月のすぐあとの日曜日）に先立つ7週間が「大斎」と呼ばれる長い斎戒期である。この間、肉も卵も乳製品も食べてはいけないことになっており、日によっては植物油も禁止される。魚も本来は食べてはいけなかったのだが、時代が下るにしたがって、複雑で厳しい規則を厳密に守る人は少なくなり、「精進というのは肉と卵以外なら何でも食べていいもの」と考えるようになってくる。

　それにしても、この食制限が、何世紀にもわたって、原則として貴賎の別なくすべての人に課されたという意味は大きい。精進日に食事が規制されるため、その反動で規制のない日、とくに祝祭日の食卓には、質量ともに過剰ともいえる料理がならぶことになる。このコントラストはかなりはっきりしたものだった。

　食生活だけで「国民性」が決定されるはずがないことは言うまでもないけれど、よく指摘されるロシア人の二極性、つまり極端から極端へと移行し中庸にとどまることがないという国民性は、こうした食事のコントラストとまったく無関係では

「復活祭の食卓」オリガ・アレクサンドロヴナ大公妃画。円筒形のクリーチ、ピラミッド型のパスハが描かれている。

ないのではなかろうか。少なくとも、国民性の形成などというおおげさなものではなく、ロシア料理への影響ということなら、これはたしかな因果関係があるといえるだろう。1年の半数以上の日で食べる精進料理、つまり野菜、きのこ、魚、豆などの料理がおおいに発達することになったのだから。

肉を使わずいかにおいしい料理を作るか——これがロシアの料理人や主婦の腕の見せどころだった。具体的にどのようなものだったのか、イワン・シメリョフ（1873〜1950）という亡命作家が少年時代を回顧した自伝的中編『神の一年』から一部引いてみよう。

僕は、大斎の間ずっと精進を破らないぞと心に決めた。そんなことしなくたってなんでもおいしいのだから、魂を堕落させるような肉を食べる必要なんかあるものか。果物が煮られ、プルーンと干しあんずを入れたポテト・カツレツが作られる。豆料理、けしの実入りパン、ピンク色の輪形パン（バランカ）（……）砂糖をまぶした冷凍のつるこけもも、くるみ、砂糖漬けのアーモンド、太い輪形パン（ブーブリク）、小形白パン（サイカ）、干しぶどう、ななかまどの菓子、レモンやいちごのキャンディ、中にオレンジの入ったキャンディ、ナッツ菓子（ハルヴァ）……。玉ねぎ入りのそばのカーシャ。クヴァースを飲む！　チチタケのピロシキ、玉ねぎの入ったそば粉のブリヌィは土曜日ごと……

なるほど、肉がなくても、じゅうぶん多彩で豊かである。

とはいえ、これは裕福な家庭の食卓であり、ロシア人がみなこのような精進料理を楽しんでいたわけでないことは付け加えておかなければならない。貧しい農民は、精進の日もそうでない日も、いずれにしても肉の入っていないスープとパンだけというぎりぎりの生活をしていたから、斎戒日とそれ以外の日にたいした違いはなかっただろう。しかし、そうは言っても、大斎の後にやってくる復活祭（パスハ Пасха）は、「祝日のなかの祝日」なので、最大限の工夫を凝らして食卓をふだんより華やかなものにした。

復活祭には、「クリーチ кулич」という円筒形のケーキ、カッテージチーズで作るピラミッド型の「パスハ пасха」、彩色卵が欠かせないとされている。これらは、教会に持っていき清めてもらってから食卓に出す。そして、互いに「キリストは復活せり！」「真に復活せり！」と復活祭の挨拶をして、左右の頬に交互に三度キスを交わすことになっている。

チーズケーキのパスハは、特別製の型抜きに入れて作り、「ＸВ」という文字を刻む。これはХристос воскресе（キリストは復活せり）の頭文字である。

復活祭が過ぎてしばらくすると、またペテロ斎という精進の期間があり、その後また何日か置いて、生神女就寝斎、またしばらくしてクリスマス斎とつづき、その合間に祭日がある。ロシア正教徒の生活は、こうして斎戒日と祝祭日の交替のうちに過ぎていったのである。

最近は、宗教の復活とダイエットへの関心の高まりから、精進料理が見直されていると聞く。

ロシアの精進料理　51

手作りで気軽にもてなすロシアンパーティ

外食をあまりしないロシア人は、パーティ好きな国民性もあり、呼んだり呼ばれたりホームパーティをよく楽しんでいます。ロシアではほとんどの主婦が仕事を持っていますが、突然伺っても、30分もしないうちに前菜からデザートまで、5〜6品の料理を出してくれます。手際のよさの秘密は、ダーチャで作ったキャベツやきのこの漬けもの、果実のヴァレーニエ、コンポートなど、保存食にあるようです。気取らず、さりげなく、本当に素敵な心遣いに、いつも感激しています。おもてなし上手なロシアの主婦を見習って、手作りの料理で気軽にパーティを楽しみませんか。

ニューイヤーパーティ

新年はシャンパンで乾杯します。ニューイヤーパーティに欠かせないのがペリメーニというシベリアの水餃子です。魚のゼリー寄せとビーツのサラダに、豚肉のオーブン焼きを組み合わせ、デザートはヴァレーニエのゼリーを用意しました。料理の下ごしらえを前日にある程度しておけば、当日はスムーズに料理を仕上げることができます。

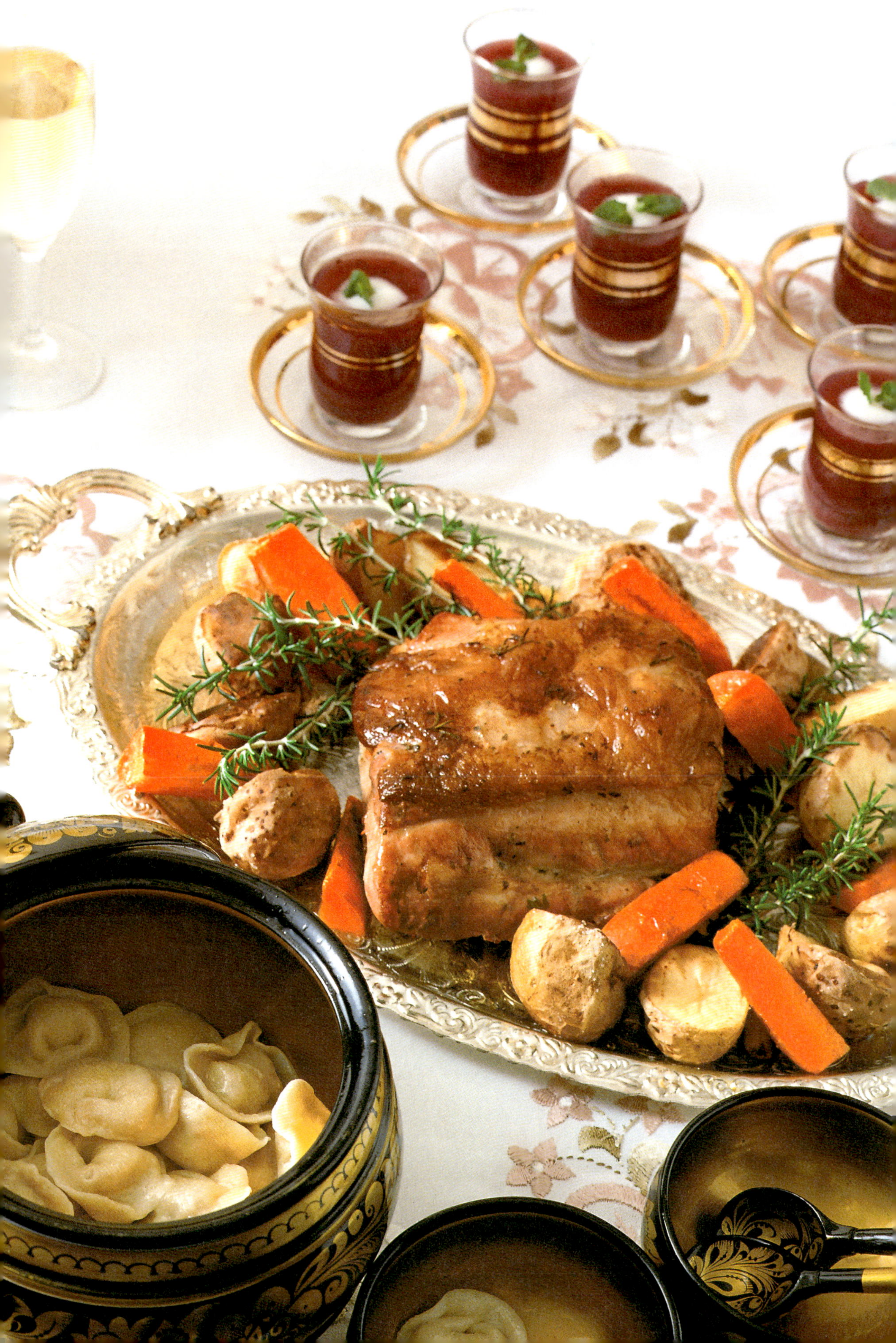

ペリメーニ シベリアの水餃子
ПЕЛЬМЕНИ
[ピリミェーニ]

シベリアの郷土料理ペリメーニは、
モンゴルのブリヤート族から伝わった
バンシーという水餃子からきたようです。
中国のものとは異なり、
帽子型に包むのが特徴です。
シベリアでは新年にたくさん作り、
戸外に出して天然の冷凍庫で保存します。
ゆでるほかに、スープに入れたり、
揚げたり、焼くこともあります。
何もつけずにそのまま食べますが、
サワークリームやハーブを添えても
おいしくいただけます。

餃子の皮を作るときの要領で、左手で生地を回しながら、めん棒で薄くのばす。

半月形に包んでから、皮の両端をつけて帽子型にする。

皮に包んだ状態で冷凍保存するといい。

材料（約60個分）
皮
　強力粉……300g
　水……約¾カップ
　塩……小さじ½
　溶き卵……½個分
打ち粉（強力粉）……適量
ナチンカ（具）
　合挽き肉……200g
　玉ねぎ……小1個
　にんにく……1片
　塩……小さじ1
　こしょう……適量
　水*……大さじ3
バター……大さじ1～2

作り方
1 皮を作る。ボウルに分量の水、塩、溶き卵を入れてよく混ぜ、強力粉を加えてゴムべらで混ぜ、生地がまとまるようになったら手でなめらかになるまで練る。ラップをかけ、室温で30分ほど休ませる。
2 具を作る。玉ねぎ、にんにくはすりおろす。ボウルに合挽き肉、塩、こしょう、玉ねぎ、にんにくを加えてよく練り、水を加えてさらに練り、冷やす。
3 1に打ち粉をして細長い棒状にし、包丁で60等分に切る。切り口を下にして手のひらでつぶしてから、めん棒で直径5cmくらいの薄い丸型にのばす。
4 3に等分にした2をのせ、縁をしっかり閉じて半月形にし、両端をつけて帽子型にする。
5 鍋にたっぷりの湯を沸かして塩適量（分量外）を加え、4を入れる。最後にバターを加え、ペリメーニが浮き上がってきたら、湯をきって、器に盛る。

＊玉ねぎをすりおろしたときに水分が多いようなら、水を入れなくてもよい。玉ねぎのたんぱく質分解酵素により肉の色が変色するが、心配ない。

器／マリンカ

ペリメーニのスープ仕立て

鍋に手羽元5本、水6カップ、塩、こしょう各適量、ローリエ1枚、香味野菜（玉ねぎ、にんじん、ハーブなど）適量を入れ、弱火で30分ほど煮てブイヨンをとり、ゆでたペリメーニを入れた器に注ぐ。
◎ブイヨンをとった後の手羽元で、オリヴィエサラダ（60ページ）を作るとよい。

魚のゼリー寄せ
ЗАЛИВНОЕ ИЗ РЫБЫ
[ザリヴノーエ・イズ・ルィブィ]

ゼリー寄せは、ロシアでは昔から冬のパーティに
欠かせない料理です。
本来は、肉や魚をゆでてそのままおくと、寒い国ゆえ、
肉や魚から出たゼラチン質が固まってできたものです。
ロシアでは川魚で作りますが、
日本では旬の白身魚などを使ってください。

材料（8個分）
白身魚の切り身（たい、ひらめ、かますなど）
　……2切れ
（塩……小さじ½）
香味野菜（にんじん、玉ねぎ、パセリなど）
　……適量
ローリエ……1枚
水……5カップ
塩……小さじ1
こしょう……少々
粉ゼラチン……5g
ラディッシュ、レモン、イタリアンパセリ
　……各適量

作り方
1 魚の両面に塩をふり、10分おく。
2 魚のブイヨンをとる。1を鍋に入れ、分量の水、香味野菜、ローリエ、塩、こしょうを加え、弱火でアクを取りながら半量になるまで煮詰めて、漉す。取り出した魚の切り身はひと口大に切る。
3 粉ゼラチンを大さじ3の水にふり入れ、ふやかす。飾り用のラディッシュは縦半分に切ってから薄切りにし、レモンは薄いいちょう切りにする。
4 2のブイヨンに、ふやかしたゼラチンを加え、よく混ぜて溶かす。
5 器に4を少量入れ、冷蔵庫で冷やし固める。
6 5に2の魚をのせ、ラディッシュ、レモン、イタリアンパセリも入れ、残りの4を注ぐ。冷蔵庫で再び冷やし固める。

◎魚は、1尾丸ごと使ってアラでブイヨンをとって作ってもよい。そのままでもおいしいが、サワークリーム、ハーブ、マスタード、塩を混ぜたソースを作り、添えてもよい。

魚のブイヨンを少量冷やし固めたところに、ブイヨンをとった魚をのせる。ここに再度ブイヨンを注いで冷やし固める。

豚肉のオーブン焼き きのこソース添え

СВИНИНА, ЗАПЕЧЁННАЯ С ГРИБНЫМ СОУСОМ
[スヴィニーナ・ザピチョーナヤ・ズ・グリブヌィム・ソーウサム]

ロシアやヨーロッパの多くの国の農家では、
冬に備えて肉を塩漬けにしたり、
乾燥させて保存しています。
確かに肉は、塩漬けにしたものを焼いたり
煮たりしたほうがおいしいです。
一晩マリネした豚肉は、
ジューシーに焼き上がります。

ハーブや香味野菜とともに、
豚肉を1〜2日マリネする。

材料
豚ロースかたまり肉……1kg
（塩……小さじ2、こしょう……適量）
マリネ用
- 玉ねぎ（くし形切り）……1/4個
- にんじん（六つ割り）……1/4本
- セロリと葉（半分に切る）……1/4本
- にんにく（薄切り）……1片
- ローズマリー（ちぎる）……1枝
- ローリエ……1枚
- レモン汁……大さじ2
- 油……大さじ3

きのこソース
- マッシュルーム……3個
- 生しいたけ……3個
- 玉ねぎ……1/4個
- ディル……適量
- 小麦粉……大さじ1
- サワークリーム（14ページ参照）
  ……1カップ
- 塩、こしょう……各適量
- 油、バター……各大さじ1 1/2

つけ合わせ
じゃがいも、にんじん、ローズマリー
  ……各適量

作り方

1 バットの中で豚肉に塩、こしょうをすり込み、そこにマリネ用の材料をすべて入れ、冷蔵庫で1〜2日漬ける。

2 きのこソースを作る。きのこ類は粗みじんに切り、玉ねぎ、ディルはみじん切りにする。

3 フライパンに油とバターを熱し、玉ねぎときのこを炒め、小麦粉を加えてさらに炒める。サワークリーム、塩、こしょうを加えてよく混ぜ、2〜3分煮て、仕上げにディルを加えて火を止める。

4 つけ合わせのじゃがいもは皮ごと半分に切り、にんじんは5〜6cm長さの六つ割りにする。天板に**1**をのせて周囲につけ合わせの野菜をおき、200℃に熱したオーブンで40〜50分焼く。

5 4を皿に盛ってローズマリーを飾り、きのこソースを添える。豚肉を適当な厚さに切って食べる。

◯残った肉は、サラダ、サンドイッチ、スープ（肉をマリネしたときの野菜も入れるとよい）などに利用する。

毛皮のコートをまとったにしん
СЕЛЁДКА ПОД ШУБОЙ
[シリョートカ・パト・シューバイ]

おもしろいネーミングのこの料理は、
新年のパーティにぴったりのひと皿です。
ビーツとじゃがいもの2種類の根菜サラダに、
にしんの塩漬けをはさみます。
鮮やかな色が、食卓に笑顔を誘います。

材料（直径18cmの丸型1台分）
にしんの塩漬け（44ページ参照）……1尾分
ビーツ（生*）……小1個（200g）
じゃがいも……2個
玉ねぎ……1/4個
マヨネーズ……1/2カップ
サワークリーム（14ページ参照）……大さじ2
砂糖、塩、こしょう……各適量
酢、油……各大さじ1
ゆで卵……1個
ハーブ（ディル、イタリアンパセリなど）
　……適量
ラディッシュ……適量

作り方
1 ビーツは丸のまま水からゆで、竹串が通るくらいまで1時間ほどゆでる。じゃがいもは皮ごとやわらかくなるまでゆで、皮をむいて粗みじんに切り、玉ねぎはみじん切りにする。にしんの塩漬けは粗みじんに切る。
2 マヨネーズ、サワークリーム、砂糖、塩、こしょう各少々を混ぜ合わせる。
3 ボウルに1のじゃがいも、2の1/2量を入れてよく混ぜ、塩、こしょう各少々で味を調える。
4 別のボウルに玉ねぎ、にしんの塩漬け、残りの2を入れて混ぜる。
5 ゆでたビーツを粗みじんに切り、塩、砂糖各小さじ1、こしょう少々、酢、油で調味する。
6 型（底の抜けるもの）に3、4、5の順に平らに重ねて詰める。表面を平らにならし、みじん切りにしたゆで卵とハーブを飾る。皿にのせて型を抜き取り、ラディッシュを飾る。

＊缶詰のビーツを使う場合は、1/3缶分を使い、5から用いる。

サラダを1種類ずつ詰めてゴムべらでしっかり押さえ、一番上にビーツのサラダを詰める。

キセーリ　ヴァレーニエのゼリー
КИСЕЛЬ [キシェーリ]

ヴァレーニエを水で薄めて水溶き片栗粉でとろみをつけた、
ロシアならではのデザートです。
水の量を変えれば、飲み物に変身します。
風邪をひいたときなどは、熱くして飲むと体が温まります。

材料
ヴァレーニエ（29ページ参照）
　……200g
水……2カップ
水溶き片栗粉（片栗粉大さじ2を
　水大さじ1で溶く）
サワークリーム（14ページ参照）
　……少々
ミント……適量

作り方
1 鍋にヴァレーニエ、分量の水、水溶き片栗粉を入れて混ぜ、とろみがつくまで煮る。
2 器に1を入れ、冷蔵庫で冷やす。
3 上にサワークリームとミントを飾る。

◎甘みが足りないときには砂糖を、酸味が足りないときはレモンで補う。

春のおもてなしに

寒さの厳しいロシアの人たちが、何よりも待ち望んでいるのが春の訪れです。
春を迎える盛大なお祭り、マースレニツァに欠かせないのが、ロシア風クレープのブリヌィ。
丸く焼いたブリヌィの形を太陽に見立て、春のシンボルとしていただきます。
そんなブリヌィを主役にして、じゃがいものサラダやえんどう豆の料理を合わせたメニューは、春のカジュアルなおもてなしにおすすめです。

ブリヌィ ロシア風クレープ
БЛИНЫ
[ブリヌィ]

ロシア風クレープは基本的にイーストが入るので、
やや厚めでふんわりとしています。
春のお祭り、マースレニッツァのときだけでなく、
普段から好んで食べます。
ここでは前菜として、イクラ、サーモン、ハムとチーズ、
サワークリームを使いましたが、
ほかにキャビアや野菜サラダなどを添えても。
朝食やおやつには、はちみつ、ジャム、
サワークリームと一緒にどうぞ。

材料（約15枚分）
生地
- 強力粉……250g
- ドライイースト……小さじ1
- 牛乳（人肌に温める）……2½カップ
- 卵……1個
- 塩……小さじ½
- 砂糖……大さじ1
- 溶かしバター……大さじ1

油、バター……各適量
イクラ、サーモン、ハム、チーズ
　……各適量
ハーブ（ディル、イタリアンパセリ、
　万能ねぎなど）……適量
サワークリーム（14ページ参照）……適量

作り方
1 ボウルに卵、塩、砂糖、温めた牛乳、ドライイースト、ふるった強力粉を入れてよく混ぜ、ストレーナーで漉す。ラップをして温かい場所に30～60分おき、発酵させる。
2 1に溶かしバターを加えて混ぜ合わせる。
3 直径18cmのフライパンに油を熱し、2を薄く流し、中火で両面をきつね色に焼く。
4 3の片面にバターを塗り、1枚ずつ積み重ねる。
5 ハムとチーズは1cm角に切り、イクラ、サーモンともに小鉢に盛り、ハーブを飾る。
6 4に5とサワークリームを添えて食べる。

◯簡単に作る場合は、ドライイーストの代わりに、ベーキングパウダー小さじ1にレモン汁大さじ½を混ぜて生地を作れば、発酵させずにすぐ焼くことができる。

生地の表面に小さな気泡がたくさんでき、やや量が増えたら発酵した目安。

ブリヌィを応用してほかにもこんなメニューが楽しめます

ポンチキ
ブリヌィの生地の牛乳の量を1½カップに変えて作り、油で揚げるとふわふわのドーナツに。

ブリンチキ
豚肉、きのこ、玉ねぎなどの炒めものをブリヌィで包み、バターで焼く。

手作りで気軽にもてなすロシアンパーティ　59

オリヴィエサラダ
САЛАТ ОЛИВЬЕ
[サラート・オリヴィエ]

ロシアではじゃがいものサラダをとてもよく食べます。種類もいろいろあり、入れる材料によってネーミングが少しずつ違います。オリヴィエは、昔のフランス人シェフの名前で、サラート・オリヴィエは現在もレストランのメニューによく見かける鶏肉入りポテトサラダです。

材料
鶏胸肉……100g
じゃがいも……2個
玉ねぎ……1/8個
セロリ……1/4本
にんじん……1/4本
きゅうりのピクルス……1/2本
冷凍グリンピース……大さじ2
マヨネーズ……大さじ5〜6
砂糖、酢、塩、こしょう
　……各適量
ゆで卵……適量
ハーブ(ディル、イタリアン
　パセリ、万能ねぎなど)
　……適量

作り方
1 鶏肉は、塩少々を入れた水に入れ、火が通るまでゆでる。冷めたらさいの目に切る。
2 じゃがいもは皮ごと塩ゆでして皮をむき、ほかの野菜とともにさいの目に切る。玉ねぎとセロリは塩少々をまぶす。にんじんは塩ゆでする。グリンピースはさっと湯通しする。
3 1と2の水気をふき、ボウルに入れる。砂糖、酢、塩、こしょうで軽く下味をつけ、マヨネーズであえる。
4 器に盛り、みじん切りにしたゆで卵とハーブを飾る。
◎マヨネーズにサワークリームを少量加えると、マイルドになる。

えんどう豆と玉ねぎのベーコン炒め
ГОРОХ С ЖАРЕНЫМ ЛУКОМ И БЕКОНОМ
[ガローフ・ズ・ジャーリヌィム・ルーカム・イ・ビコーナム]

ラトビアで料理研究家のニーナさんに教えていただいた料理です。春のお祭り、マースレニツァのときによく作るそうです。ケフィールというヨーグルトドリンクを添えて、それを飲みながら食べるという、ちょっと珍しい食べ方をします。

材料
えんどう豆(乾燥)……1カップ
ベーコン……100g
玉ねぎ……1/4個
にんにく……1片
塩、こしょう……各適量
油……大さじ1
ハーブのみじん切り
　(ディル、イタリアンパセリ、
　万能ねぎなど)……適量
ケフィール
┌プレーンヨーグルト
│　……1カップ
└牛乳……1カップ

作り方
1 えんどう豆はぬるま湯に4〜5時間つけて戻す。ベーコンと玉ねぎは粗みじん切り、にんにくはみじん切りにする。
2 鍋に戻したえんどう豆を入れ、かぶるくらいの水を注ぎ、塩を少々入れ、豆がやわらかくなり水分がなくなるくらいまでゆでる。
3 フライパンに油を熱して、玉ねぎ、ベーコン、にんにくを炒め、塩、こしょうで味を調える。
4 器に2を盛り、3をのせ、上にハーブを飾る。ヨーグルトと牛乳を混ぜ合わせたケフィールとともにいただく。

春の祭典とブリヌィ

　ロシアでは、春の到来ほど待ち遠しいものはない。冬を送り春を迎える祭りは、死者の供養という意味合いも兼ねて、太古の昔からおこなわれていたと考えられている。

　ロシア正教では、復活祭の前に、7週間もつづく「大斎」と呼ばれる厳しい精進の期間があり、それに先がけて「謝肉祭」が祝われる。

　この謝肉祭が、キリスト教以前の異教的な迎春の祭りと合体、融合して、華やかな祝祭がくりひろげられるようになり、16世紀以降「マースレニッァ」と呼ばれるようになった。この春の祭典になくてはならない食べ物がブリヌィである（単数が блин ブリン、複数が блины ブリヌィ）。丸く焼きあげるブリヌィは、春の表象、太陽のシンボルであるとともに、死者への追善食でもあった。「マースレニッァ масленица（バター週間）」という言葉自体、ブリヌィと深く関わっている。ブリヌィに塗るバター（масло マースロ）から来ているからだ。

　マースレニッァは年によってずれる移動祝祭日。時節柄まだ雪が残っているけれど、人々はかまわず外に繰りだして橇遊びをし、ブリヌィをたらふく食べては仮設の滑り台や格闘技に興じ、歌や踊りを思いきり楽しむ。冬のあいだの暗く単調な日常を脱するための通過儀礼としての意味合いを持っているのだろう。

　もちろんマースレニッァのときでなくても、ロシア人は普段からブリヌィを好んでよく食べる。ニコライ・ゴーゴリ（1809～1852）の晩年の大作『死せる魂』は、主人公チーチコフが何人もの地主を訪ね歩いて「死んだ農奴」をかき集めるという奇想天外な物語だが、彼がコローボチカという女地主の家でご馳走になるこんな場面がある。

　気がつくと、いつのまにかテーブルには、きのこ、ピロシキ、ブリヌィ、いろいろな中身を詰めたレピョーシキ（パンのようなもの）が並べられている。勧められるままに、チーチコフは卵入りのパイを食べたあと、「ブリヌィを3枚いっしょに丸めて、溶かしバターに浸してから口に持っていき、唇と手をナプキンで拭いた。これを3回ほど繰り返した」。そして「おたくのブリヌィはとてもおいしいですね」と言いながら、また「熱々のブリヌィに手を出す」のである。

　ゴーゴリ論を書いている亡命作家ウラジーミル・ナボコフ（1899～1977）によると、ロシアのブリヌィは、アメリカのパンケーキに比べると、軽くてふんわりしていて、とても薄くてデリケートだという。パンケーキやクレープとは似て非なるもの、それがロシアの繊細なブリヌィなのだ。

　だから、驚くなかれ、10枚や20枚、ぺろりと平らげてしまえるのである。

ロシアのいろいろな紅茶の飲み方を紹介したカレンダー。表紙にはブリヌィとヴァレーニエが。

ビュッフェパーティ

お祝い事の集まりは、まずウォッカで乾杯。ショットグラスについで、キュッと一気に飲みほすのがロシア流です。にんじんや豆のサラダ、魚や肉の煮込み料理を大皿に盛って並べ、各自が取り分けるビュッフェスタイルは、気軽なおもてなしにぴったり。ガーデンパーティにもおすすめです。

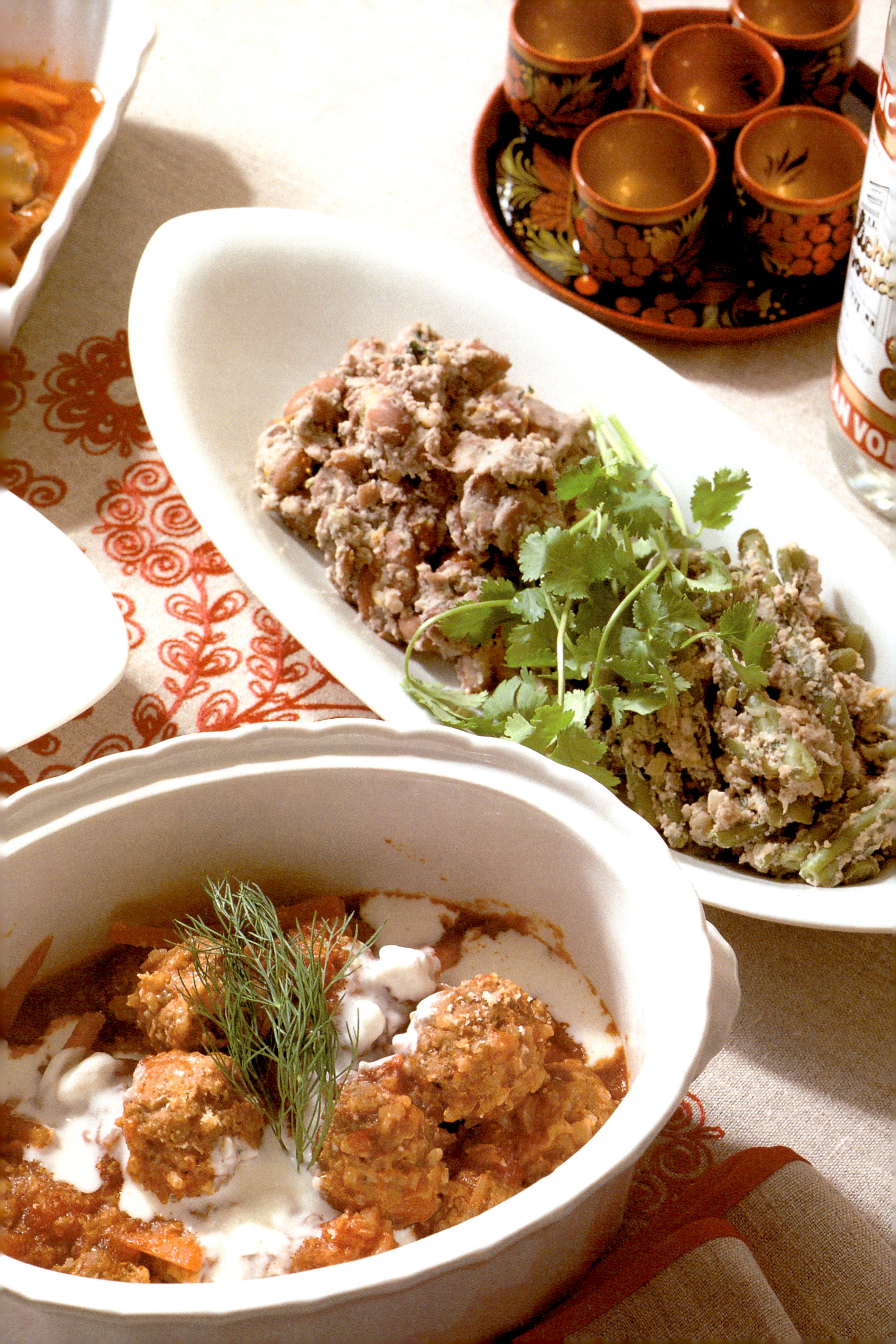

材料（作りやすい分量）

カッテージチーズ（下記参照）……200g
バター（室温に戻す）……30g
マヨネーズ……大さじ1
にんにくのすりおろし……1片分
塩……小さじ½〜1
こしょう……少々
トッピング
　レーズン、ブランデー……各適量
　ハーブのみじん切り（ディル、万能ねぎ、
　　イタリアンパセリなど）……適量
　サーモン、イクラ……各適量

作り方

1 ボウルにカッテージチーズ、やわらかくしたバター、マヨネーズ、にんにく、塩、こしょうを入れてよく練り、冷蔵庫で冷やす。

2 レーズンは湯で洗って水気をふき、ブランデーをまぶし、粗みじんに切る。

3 1をひと口大に丸める。2のレーズンとハーブをそれぞれにまぶす。サーモンは巻いてイクラをのせる。

○トッピングはほかに、キャビア、ハム、ローストしたくるみ、ゆで卵などもよい。

チーズボール
СЫРНЫЕ ШАРИКИ
［スィールヌィエ・シャーリキ］

ロシアのカッテージチーズ、トゥヴォロークは濃厚な味で、前菜に、菓子用に、そしてパンや餃子の具に使用されています。
ほのかににんにくの風味がきいたチーズボールは、
ハーブやレーズンなどをトッピングしておしゃれに飾りつけます。

カッテージチーズを手でつぶすようにしながら混ぜる。

カッテージチーズの作り方

1 鍋に牛乳5カップ、プレーンヨーグルト2½カップを入れてよく混ぜ、弱火にかける。

2 浮いてきたカッテージチーズを、キッチンペーパー（またはふきん）を敷いたざるにあけ、水分をきる。敷いたペーパーでくるみ、上に水を入れたボウルなどをのせて重石をし、さらに水分をよくきる。

3 カッテージチーズのでき上がり。

にんじんサラダ
САЛАТ ИЗ МОРКОВИ
[サラート・イズ・マルコーヴィ]

ロシアの主婦が料理にもう一品添えたいときに作る、簡単でおいしいサラダです。
にんじんは包丁で切るよりスライサーでおろしたほうが、繊維が細かく断たれるのでやわらかくいただけます。
マヨネーズの代わりにサワークリームを使用しても。

材料
- にんじん……2本
- にんにくのすりおろし……1片分
- マヨネーズ……大さじ5〜6
- 塩……小さじ1/2
- くるみ……20g
- ハーブ(ディル、イタリアンパセリなど)……適量

作り方
1. にんじんはスライサーでせん切りにする。塩をふってしばらくおき、水気を軽く絞り、にんにく、マヨネーズを混ぜる。
2. くるみは、オーブントースターで焦がさないようにロースト(またはフライパンで空煎り)する。
3. 1を器に盛り、2のくるみとハーブを飾る。

スライサーを使ってせん切りにすると、味もなじみやすくなる。

ロビオ いんげんのくるみあえ
ЛОБИО [ロビオ]

ロビオはグルジアの郷土料理。
コーカサス地方の料理は、全体的にかなりスパイシーです。
夏はさやいんげんで作り、冬は乾燥豆で作ります。
初めて食べたとき、日本のくるみあえとはまったく違う味に感動しました。

材料
- いんげん豆(乾燥)……1カップ
- くるみ……50g
- 玉ねぎ……1/6個
- 香菜……1株
- バジル……1枝
- 万能ねぎ……1本
- にんにくのすりおろし……1片分
- フェネグリーク*(粉末)……小さじ1/3
- サフラン(あれば)……ひとつまみ
- 酢……大さじ1 1/2
- はちみつ……小さじ1/2
- 塩……小さじ1
- こしょう……適量
- ハーブ(香菜、万能ねぎなど)……適量

作り方
1. いんげん豆は、ぬるま湯に4〜5時間つけて戻す。
2. たっぷりの水に塩少々(分量外)を入れ、1をやわらかくゆでる。
3. くるみはオーブントースターで焦がさないようにロースト(またはフライパンで空煎り)し、すりつぶす。玉ねぎ、香菜、バジル、万能ねぎはみじん切りにする。
4. ボウルに1と残りの材料をすべて入れ、よくあえる。さやいんげんのくるみあえ(下記参照)と盛り合わせ、ハーブを飾る。

○さやいんげんのくるみあえは、いんげん豆の代わりに、さやいんげん300gで同様に作る。

*フェネグリークは、マメ科の一年草のハーブの種子。手前左は乾燥させた葉、右は粉末。原産国は西アジア、南東ヨーロッパ。マイルドな香りがあり、カレー粉の原料に使われている。

写真手前が乾燥豆を使ったもの、奥はさやいんげん。

いわしのマリネ
ИВАСИ ПОД МАРИНАДОМ
［イヴァシー・パド・マリナーダム］

ウラジオストックでこの料理をごちそうになったとき、
甘酸っぱい味に、中国料理の酢豚を思い出しました。
シベリア地方は、中国の調理法の影響をかなり受けているからです。
熱くても冷たくてもおいしいです。

材料
いわし……4尾
（塩、こしょう、小麦粉……各適量）
玉ねぎ……1/2個
にんじん……1/3本
トマトピュレ（またはトマトの水煮）
　　……1/2カップ
水……1/2カップ
砂糖……小さじ1
酢……大さじ1
塩……小さじ1 1/2
こしょう……適量
油……大さじ3
ハーブ（ディル、イタリアンパセリ、
　万能ねぎなど）……適量

作り方
1 玉ねぎは薄切りにし、にんじんは細切りにする。
2 いわしは頭を落として、三枚におろし、塩、こしょう、小麦粉をまぶす。
3 フライパンに油を熱して2のいわしを炒め揚げし、皿に取り出す。
4 3のフライパンに玉ねぎとにんじんを入れて炒め、トマトピュレ、分量の水、砂糖、酢、塩、こしょうを加え、中火で5分煮る。
5 3のいわしを戻し入れ、軽く煮る。皿に盛り、ハーブを飾る。

トマト味のソースに、炒め揚げしたいわしを戻し入れる。

ヨージキ
ロシア風ミートボール
ЁЖИКИ
[イョージキ]

ヨージキとはハリネズミのこと。ミートボールの生地に米を入れて煮込むので、火が通ってくるとミートボールのまわりにツンツンと針を刺したように米が出てきます。それがハリネズミのように見えるところからつけられた、おもしろい名前の料理です。

材料

ミートボール
- 合挽き肉……300g
- 米……¼カップ
- 玉ねぎ……¼個
- イタリアンパセリ……適量
- 牛乳……大さじ2
- 塩……小さじ1
- こしょう……少々

玉ねぎ……½個
にんじん……⅓本
トマトの水煮……1缶(400g)
水……2カップ
ローリエ……1枚
塩……小さじ2
こしょう……少々
油、バター……各大さじ1
サワークリーム(14ページ参照)……¼カップ
ハーブ(ディル、イタリアンパセリ、万能ねぎなど)……適量

作り方

1 ミートボールを作る。米は湯で洗い(水よりも浸透しやすい)、水気をきる。玉ねぎ、イタリアンパセリはみじん切りにする。ボウルにミートボールの材料をすべて入れ、よく練る。

2 玉ねぎは薄切り、にんじんは拍子木切りにする。

3 鍋に油とバターを熱し、玉ねぎとにんじんをしんなりするまで炒める。トマトの水煮、分量の水、ローリエを加え、煮立ったら、1を団子状に丸めて加える。塩、こしょうで調味し、20分煮込む。

4 器に盛り、サワークリームをかけてハーブを飾る。

洗った米を入れ、ミートボールの材料を手でよく練る。

ティーパーティ

ロシアのティータイムに欠かせない道具として古くから愛用されてきたのが、湯沸し器のサモワール。現在はやかんで湯を沸かす家庭が多く、残念ながらあまり使われていませんが、どこの家にもひとつかふたつはあり、インテリアの一部として飾られています。伝統の焼き菓子を用意して、ロシア風ティーパーティはいかがでしょう。

ロシアンティー
РУССКИЙ ЧАЙ
[ルースキー・チャーイ]

ロシアでは、基本的にミルクティーは飲まず、
ストレートか、レモンやはちみつを入れます。
ロシアンティーに必ず添えるのが
ロシア風ジャム、ヴァレーニエ。
ヴァレーニエは紅茶に入れるのではなく、
紅茶を飲みながら食べます。

ロシアンティーの楽しみ方
1 ティーポットに茶葉を多めに入れ、湯を注ぎ、ふたをして蒸らす。
2 濃いめにいれた紅茶をティーカップに1/3ほど注ぎ、サモワールの湯を入れて薄める。
3 紅茶を飲みながら、ヴァレーニエ(29ページ参照)を食べる。

オープンサンドイッチ
БУТЕРБРОДЫ
[ブテルブローディ]

北欧やバルト三国、そしてロシアでも
よく食べられています。
にしんやサーモンの塩漬けなどの海の幸、
ハムやチーズなど色とりどり。
見た目も華やかで、パーティ向きです。

材料
バゲット……1本
バター、粒マスタード……各適量
具
- A ハム、カッテージチーズ、ゆで卵、ラムレーズン
- B にしんの塩漬け(44ページ参照)、玉ねぎ、レモン
- C ハム、チーズ、ハーブ(イタリアンパセリ、ディルなど)
- D サーモンの塩漬け(44ページ参照)、イクラ、きゅうりのピクルス、ケイパー
- E ゆでえび、カッテージチーズ、ハーブ(イタリアンパセリ、ディルなど)

作り方
1 バゲットは1cm厚さに切り、バターと粒マスタードを塗る。
2 好みでA〜Eの具をのせる。

◀ 中の皿2枚／マリンカ　　　手作りで気軽にもてなすロシアンパーティ

プリャーニキ ロシア風ビスケット
ПРЯНИКИ
[プリャーニキ]

ロシアの家庭でお茶をごちそうになるとき、
必ずといっていいほど出してくださる
昔ながらの素朴なお菓子です。
モスクワから南へ180キロ下ったトゥーラは、
サモワールを作っている町です。
この町でもうひとつ有名なものが、
このプリャーニキ。
はちみつで練った生地を焼いた、
懐かしい味わいのビスケットです。

器／マリンカ

材料（約20個分）
生地
- 薄力粉……150g
- ライ麦粉……100g
- オールスパイス（粉末）……小さじ½
- はちみつ……150g
- 塩……ひとつまみ
- バター……50g
- サワークリーム（14ページ参照）……50g
- 溶き卵……½個分
- レモン汁……小さじ1
- 重曹……小さじ¼

アイシング
- 粉砂糖……½カップ
- 水……大さじ1

ナチンカ（具）
- レーズン……100g
- くるみ……50g

作り方
1 薄力粉、ライ麦粉、オールスパイスを合わせて1～2回ふるい、ボウルに入れる。
2 鍋にはちみつ、塩、バター、サワークリームを入れてひと煮する。1のボウルに加えてよく混ぜ、卵も加えて混ぜる。
3 レモン汁に重曹を入れて混ぜ、2に加えてさらに混ぜる。30分ほど生地を休ませる。
4 具を用意する。くるみはオーブントースターで焦がさないようにロースト（またはフライパンで空煎り）する。レーズンとともに粗く刻み、混ぜる。
5 3を20等分して手で直径7～8cmにのばす。等分にした4を中央にのせ、生地で包んで形を整える。
6 天板にクッキングシートを敷いて、5を並べ、170℃に温めたオーブンで約20分焼く。
7 粉砂糖に分量の水を混ぜてアイシングを作る。6の粗熱がとれたら上に塗る。

レモン汁に重曹を入れ、シュワシュワと泡立ったものを加える。

刻んだくるみとレーズンをにぎってひとかたまりにし、生地で包む。

スィルニキ
焼きチーズ菓子
СЫРНИКИ
[スィルニキ]

ロシアで朝食やおやつに食べられているベークドチーズケーキです。乳製品がおいしいロシアでは、市場やスーパーマーケットでスィルニキ用のカッテージチーズ、トゥヴォロークが売られています。フライパンで作れる、ロシアの伝統的なお菓子です。

材料（12〜13個分）
- カッテージチーズ*（64ページ参照）……200g
- 砂糖……50g
- 溶き卵……½個分
- 小麦粉……大さじ3
- ベーキングパウダー……小さじ½
- レモン汁……大さじ1
- くるみ、レーズン……各大さじ2
- 油……少々
- 粉砂糖……適量

作り方
1. ボウルにカッテージチーズ、砂糖、卵を入れ、手でカッテージチーズをつぶしながら混ぜる。
2. 1に小麦粉を加え、レモン汁で溶いたベーキングパウダーを加えて混ぜ合わせる。12〜13等分にし、小麦粉適量（分量外）をつけて直径4〜5cm、厚さ約1cmの丸型に整える。
3. くるみはオーブントースターで焦がさないようにロースト（またはフライパンで空煎り）し、粗く刻む。
4. フライパンに油を熱して2を入れ、上にレーズンと粗く刻んだくるみをのせ、弱火で両面を焼く。冷めてから、粉砂糖をふる

*市販のカッテージチーズを使う場合は、水分をよくとること。

器／マリンカ

上にくるみとレーズンをのせ、うっすら焼き色がついたら裏に返して焼く。

Вкусненькие истории
ちょっとおいしい話 7

野生の甘さ、蜂蜜

今でこそ砂糖はどこにでもある甘味料だが、ロシアで砂糖がビーツなどの原料を用いて大量生産されるようになるのはようやく19世紀になってからのことで、その後もかなり長いあいだ高級品だった。砂糖以前に甘さを出すものとして使われていたのは、もっぱら蜂蜜である。

ウォッカよりも古くからあったアルコール飲料の「蜜酒 мёд ミョート」（「蜂蜜 мёд ミョート」とまったく同じ言葉！）、紅茶が普及する以前に温かい飲み物としてロシア人が飲んでいた「蜜湯 сбитень ズビーチェニ」、伝統的なお菓子「糖蜜菓子 пряники プリャーニキ（単数は пряник プリャーニク）」、それに「糖蜜パン коврижка コヴリーシカ」など、すべて蜂蜜を用いている。

昔から、野生の蜂蜜を集めたり、養蜂業を営んだりするのはとても大切な仕事だったのである。

ゴーゴリの『ディカーニカ近郊夜話』は、19世紀前半のウクライナを舞台にした幻想的な短編集だが、語り手の役割をつとめているのが、ルディ・パニコーという蜜蜂飼いだ。パニコーは「前口上」で読者をこんなふうに招いている。「お客においでくださればば、生まれてから一度も召しあがったことのないようなメロンをお出ししますよ。それに蜂蜜。どこを探したってこれ以上おいしいものは見つかりっこないこと、請け合いです」

できるなら、パニコーの村を訪ねて、自慢の蜂蜜を味わいながら、世にも不思議な話の数々を聞いてみたいものである。

フランス料理と相思相愛？

　18世紀はロシアの食文化の一大転換期だ。ピョートル大帝の強力なリーダーシップのもとに行なわれた「近代化＝西欧化」が、政治や軍事ばかりでなく、食生活にまで大きな変化をもたらしたからである。

　たとえば調理法では、ヨーロッパ式のレンジを普及させた功績が大きいだろう。それまで暖炉でスープなどを「煮る」ことと、パンなどを「焼く」ことが主な調理法だったロシア料理に、肉や野菜を「炒める」ことが加わってレパートリーの幅がぐんと広がった。

　また、オランダで飲んだコーヒーがいたく気に入ったピョートルは、紅茶と並ぶ嗜好品としてコーヒーをロシアの社交界に広めようとした。いち早く食材としてのじゃがいもの価値に注目して種を持ちこみ、ロシアに根づかせようとしたのも彼だ。もっとも、じゃがいもが広く栽培されるようになるのはずっとあとのことで（19世紀後半）、それまでは政府主導でじゃがいもの作付けを奨励・強制しても、農民たちはかたくなに抵抗したという。

　でもピョートルの改革でより大きな意味があるのは、ロシアに招かれた「お雇い外国人」のシェフたちがヨーロッパの料理を持ちこんだことだろう。やがて大貴族たちも、こぞってヨーロッパ、とくにフランスの料理人を自分の屋敷に雇い入れるようになる。当然のことながら、伝統的なロシア料理はしだいに影が薄くなり、洗練されたフランス料理、あるいはフランス風にアレンジされた料理が貴族の食卓をいろどることになった。

　こうして18世紀以降、ロシア料理は、「宮廷や大貴族・都会のフランス風料理」と「地方地主

イワン・ビリビンの装丁による1913年のメニュー。上には料理名が、下には食事のときに演奏されるプログラムが美しい装飾で描かれている。

や商人・農民の伝統的な料理」という、ふたつの異なる食文化圏にはっきり分化してしまったのである。ロシアの誇る詩人アレクサンドル・プーシキン（1799～1837）の代表作『エヴゲーニイ・オネーギン』には、この対比がくっきりと描かれている。

ダンディな放蕩児オネーギンが、舞踏会の合間をぬってペテルブルクの有名な料理屋「タロン」に行くと、ワインに、血のしたたるローストビーフ、トリュフ、ストラスブールのパイ、リンブルグ産チーズ、パイナップルなど「最高級のフランス料理」が出てくる。ところが、やがて遊びに飽き、憂鬱症にとりつかれて田舎に引きこもり、隣の領地に住む家族を訪ねる。するとそこでは、

　昔ながらの風習を守って
　穏やかに暮らしていた
　マースレニツァには
　ロシアのブリヌィを焼き
　年に二度は精進する
　（……）
　クヴァースは空気のように欠かせない

ブリヌィもクヴァースも、ロシアで古くから愛されてきたものだ。清純で美しく賢いヒロイン、タチヤーナは、ロシアの伝統を守っているこの家の娘で、オネーギンに一目で恋してしまう。オネーギンのほうは、はじめ、そんなタチヤーナの恋心を歯牙にもかけなかったが、放浪から戻り、ようやく彼女の本当の素晴らしさに気づいて、逆に恋の虜になる。でも、夫のいる身となったタチヤーナは、オネーギンの求愛をはねつける……。永遠にすれちがう愛の悲劇をテーマにしたこの名作に、西欧化した貴族の美食とロシア土着の素朴な食が対照的に織りこまれているのである。

アントナム・カレーム

それでは、ロシアの上流社会の料理は一方的にフランス料理の影響を受けただけだったかというと、かならずしも「片思い」ではなかったようだ。

プーシキンがまだツァールスコエ・セロー（皇帝村）の学習院（リツェイ）に通っていた1819年、フランスきっての料理人アントナン・カレームがロシアの皇室に招かれ、まさにツァールスコエ・セローのパヴロフスク宮殿で腕をふるっている。その7年前、ナポレオンがモスクワ攻略に失敗して敗退したが、その直後、連合軍の長としてパリに乗りこんだロシアの皇帝アレクサンドルⅠ世が、カレームの絢爛たる料理に惚れこんで、ペテルブルクに招聘したのである。

カレームのロシア滞在はほんの短期間に終わったが、彼はロシア料理のボルシチやクレビャーカ、テーブルに花を飾るといったロシアの食習慣をフランスに紹介した。また料理を順番に一品ずつ食卓に出す「ロシア式セルヴィス」の長所も認めていたという。じつは当時、フランスの給仕の仕方は、料理をぜんぶ一度に食卓に並べる「フランス式セルヴィス」だったのである。

やがて19世紀終わり頃にはユルバン・デュボワらが「ロシア式セルヴィス」をフランスに普及させるべく努め、今ではこれがフランス本来の給仕の仕方だと思われるほどになっている。だからロシア料理とフランス料理は、互いに影響を及ぼしあった、つまり相思相愛だったわけである。

フランス料理と相思相愛？　73

異郷への憧れ

　ロシアは、16世紀半ばから、毛皮や塩、魚などを求めて、エルマーク率いる遠征隊がシベリアに領土を拡大した。18世紀末には、ウクライナ、ベラルーシの地を獲得し、19世紀からは、コーカサス（ロシア語ではカフカス Кавказ という）や中央アジアの諸地域をしだいに支配下におさめるようになる。

　20世紀に入り、ロシア帝国の版図をほぼ引き継いだソ連は、ロシアを含む15の共和国からなる連邦国家となった。そして1991年、ソ連が崩壊すると同時に、これらの共和国がそれぞれ独立した国家になったことは、記憶に新しい。

　こうした歴史的な曲折を経てきたロシアの「周縁」地域のなかで、文化的に見て最もユニークな位置にあるのはコーカサスだろう。黒海とカスピ海に挟まれたこの地域は、ロシア人の民族意識を形成するのに大事な文学の領域で、とくに19世紀以来、エキゾティックな豊穣の地、詩人や作家や芸術家のインスピレーションの源と見なされてきた。

　作家たちにとってコーカサスは、憧れの異郷であった。高い山々のそびえる風光明媚な光景。色とりどりの野菜や果物が豊かに実る大地。スパイスを効かせた独特の料理。

　異郷としてのコーカサスをロシア文学にとりこんだ最大の功績は、プーシキンにあるだろう。1820年、政治詩を書いたかどで南ロシアに追放された詩人は、コーカサスに旅して「コーカサスの虜」という物語詩を書いた。

　山岳民族チェルケス人に捕らえられ瀕死の重傷を負ったロシア人を、チェルケスの娘が助ける話である。娘は青年に、きびやはちみつ、馬乳酒（クムィス）を与える。プーシキンが馬乳酒に「とても味がよく、きわめて健康によいもの」とわざわざ注釈をつけているのは、この酒が当時のロシアであまり知られていなかったからだろう。

　捕虜となりながらも娘に愛され食事を与えられて命拾いする主人公──それは、追放の身にあってコーカサスという異界から滋養を得て再生するプーシキン自身に重なる。異郷の飲み物は、蘇生を促す大事なモチーフなのである。

　コーカサス表象でプーシキンを引き継いだのは、ミハイル・レールモントフ（1814〜1841）。しかもなんの因果か、彼は、プーシキンの死が皇帝権力の陰謀だったことをほのめかす詩を書いて、1837年、コーカサスのグルジアに追放されている。

　レールモントフの代表的長編『現代の英雄』はコーカサスを舞台にしており、「余計者」の主人公ペチョーリンがチェルケスの娘を誘惑するという話を含んでいる。この小説にはあまり食の描写はないが、それだけに、語り手の「私」が知人の大尉に再会した場面が印象的だ。

　老大尉は「料理に造詣が深く、驚くほど見事にきじを焼き、塩漬けきゅうりの汁を上手にそれに注いだ」。そしてふたりは、カヘチア産ワインを飲みながらきじを食べる。カヘチアはグルジアの東部、おいしいワインで知られる。きじ料理と地元の美酒。この素朴ながら豪快な食事は、「私」と大尉がペチョーリンの物語を共有するための儀式のような役割を果たしている。

　その後もコーカサスは、中央から詩人や作家を遠ざける「追放の地」であると同時に、当の作家にとって「刺激と憧れの地」でありつづける。トルストイも「コーカサス物語」の副題を持つ中編『コサック』や「コーカサスの虜」というプーシキンの作品と同名の短編を書いている。

　革命を経て1930年には、詩人オシップ・マンデリシターム（1891〜1938）がアルメニアを旅した。レールモントフからほぼ1世紀を隔てて、マンデリシタームもスターリンを揶揄した詩がもとでソ連当局に睨まれたのだから、なんという皮肉な歴史の繰り返しであろう。

「家族のピクニック」ニコ・ピロスマニ画。グルジアの民衆の姿を描き、ロシアを代表する素朴派画家といわれている。

彼の詩「アルメニア」にも、コーカサスへの熱い思いが息づいている。

　　私は、なぜかアルメニアの朝を
　　夢見るようになった
　　エリヴァニにいるシジュウカラの様子を
　　急に見たくなった
　　パンと鬼ごっこしているパン屋が腰を屈め
　　湿った皮のラヴァーシを
　　竈から取りだすところを見たくなった

エリヴァニとはエレヴァン（アルメニアの首都）の古い名称、ラヴァーシはコーカサス地方特有の酵母を入れない丸パンである。ロシアでは昔からパンには酵母を入れて焼いたので、ラヴァーシはロシア人にはあまり馴染みがない。その「ラヴァーシを竈から取りだすところ」とは、芸術作品が生まれる瞬間を暗示しているのだろう。マンデリシタームは、歴史のあるアルメニアの古都で芸術の原点に戻ろうとしたのではなかったか。

げんに、夫人の回想によると、アルメニアに旅した帰り道、グルジアのチフリスに逗留していたとき、なかなか詩が書けないでいたマンデリシタームに突然「詩が蘇った」という。コーカサスが詩の魂を呼び戻してくれたのだ。

そして現代。

モスクワの町なかや公園ではシャシルィクの屋台が芳香を放ち、ダーチャやピクニックでアウトドアを楽しむときシャシルィクは定番メニューになっている。コーカサス料理は人気が高く、専門のレストランも急増して、すっかりロシア文化に根づいているように見える。しかしコーカサスでは、かつてトルストイが山岳民と闘ったように、今でも紛争がつづいている。

詩人たちも相変わらずコーカサスに詩的な愛を捧げている。ベッラ・アフマドゥーリナ（1937〜）は、グルジアを「私の魂の光」と呼び、『グルジアの夢』という連詩を書いた。まるでマンデリシタームの「アルメニア」に呼応するかのように。

　　覚えているかしら、
　　私たちのパン焼き職人が
　　焦げた丸太みたいで
　　やせっぽち
　　炎をあげる穴に
　　さりげなく潜ったこと

ここで歌われているのは、地中深く穴を掘ってパンを焼くコーカサス特有の竈のこと。ところどころに挟まれたグルジア語の響きとあいまって、エキゾティシズムをかもし出している。「サカルトヴェロ」（グルジア語で「グルジア」のこと）——この言葉を夢で耳にすると、目覚めたときに涙が出て、一日中にこやかに過ごせると詩人は言う。

1990年代には、セルゲイ・ボドロフ監督が『コーカサスの虜』という映画を撮った。トルストイの作品を原作にしているが、舞台を現代のチェチェンに置き換え、鋭く戦争の意味を問いかけている。ウラジーミル・マカーニン（1937〜）も同じ題名の小説で、チェチェン人がロシアの捕虜になる物語を書いている。

プーシキンもレールモントフもトルストイもマカーニンも、「コーカサスの虜」というタイトルを持つ作品を書いているとは、いったいどうしたことだろう。おそらく偶然ではあるまい。異郷コーカサスには、つねにロシア人を魅了し「虜」にしてしまうほどの魔力のような不思議な魅力があるにちがいない。

大地に根ざした多彩な郷土料理

ロシア
サンクト・ペテルブルク
モスクワ
エカテリンブルク

エストニア
ラトビア
【バルト】
リトアニア

ベラルーシ
【ウクライナ、ベラルーシ】
ウクライナ

黒海
カスピ海

グルジア
アルメニア
アゼルバイジャン
【コーカサス】

地中海

【中央アジア】
カザフスタン
キルギスタン
トルクメニスタン
タジキスタン
ウズベキスタン

中央アジア

k／屋台のプロフ。ウズベキスタンの首都タシケントで。

コーカサス

l／街道沿いのシャシルィク売り。グルジアの首都、トビリシ郊外で。

🍴 ヤクーツク

ロシアは国土が広く隣接している国が多いので、いろいろな料理が楽しめるのも魅力です。
中央アジア、コーカサス、ウクライナ、ベラルーシ、バルトの地方は、
ペレストロイカ以前はソビエト領でしたが、独立後もこれらの地域の料理は郷土料理として
食べられています。代表的なところでは、中央アジアのプロフ。
コーカサスの串焼き、シャシルィク。ウクライナの水餃子、ヴァレーニキ。
バルトの魚のカツレツなど。
モスクワなどの都市では、こういった郷土料理のレストランが大人気です。
地方料理の味を東西南北に分析してみると、東側のシベリア地方は、中国、モンゴル、朝鮮、
西側のウクライナやベラルーシは、ドイツ、ポーランド、南側のコーカサス、中央アジア地方は、
トルコ、イラン、アラブ、中国の一部（イスラム教）、北側のバルト地方は、北欧、ドイツなど、
周辺の各国の影響を受けて成り立っていることが分かります。
ここではほんの一部しかご紹介できませんが、現在でも現地の人が食べている
ポピュラーな料理を紹介します。

ウクライナ、ベラルーシ

バルト

m／ウクライナの首都、キエフのレストランのドラーニキ。

n／郷土料理のレストランのザクースキ。ラトビアの首都、リガで。

大地に根ざした多彩な郷土料理　77

中央アジア

サムサ ウズベクのミートパイ
CAMCA
[サムサ]

ウズベキスタン、カザフスタン、キルギスタン、タジキスタン、トルクメニスタンの5か国からなる、砂漠地帯の国国です。
中国から地中海地域の諸都市までのシルクロードの中継点でもあり、さまざまな民族や宗教が混ざり合った、オリエンタルでエキゾチックなムードが味わえます。
長い間旧ソビエト領であったため、今でも言語も料理もロシアベースですが、この地方特有の遊牧民の練粉料理はとくにすばらしく、粉があれば前菜からデザートまで何百種類もの料理やお菓子が楽しめます。

シルクロードのスナック、サムサは、中国のウイグル地方、中央アジアの国々で食べられているミートパイです。
生地は、小麦粉を水で練った餃子タイプと、折り込みパイタイプの2種類あります。
ここでは後者を紹介します。
どちらもパリパリとした食感で、スパイシーな味つけのラム肉とよく合います。

材料（約16個分）
生地
　強力粉、薄力粉……各150g
　塩……小さじ½
　水……170～200㎖
　バター（室温に戻す）……150g
打ち粉（強力粉）……適量
ナチンカ（具）
　ラム肉（または牛挽き肉）……300g
　玉ねぎ……小1個
　じゃがいも……小1個
　塩……小さじ1½
　クミンパウダー、コリアンダーパウダー、
　　チリパウダー……各小さじ¼
溶き卵……½個分
黒煎りごま……適量

1 ボウルに強力粉、薄力粉、塩、分量の水を入れて手でよく練る。ラップをして30分ほど休ませる。

2 1に打ち粉をして、めん棒で直径50cm、厚さ3mmほどに丸くのばし、上にやわらかくしたバターを手でまんべんなく塗り広げる。手前からぐるぐる巻いて棒状にする。

3 3cm幅に切り、打ち粉をして切り口を上にして手のひらで軽く押しつぶす。バットなどに並べて冷蔵庫で30分ほど冷やす。

4 ラム肉は包丁で細かくたたく。玉ねぎはみじん切りにし、じゃがいもは粗みじんに切る。ボウルに具の材料をすべて入れ、手でよく練る。

5 3に打ち粉をして、めん棒で直径12cm、厚さ2～3mmほどに丸くのばす。

6 5の生地のまん中に4の具をおき、生地の端三方を中央に寄せて三角形になるようにしっかり閉じる。

7 6を閉じ口を下にしてオーブンペーパーを敷いた天板に並べ、上に溶き卵を塗り、ごまを散らす。230℃に熱したオーブンで10～15分焼く。

◎生地は、3の軽く押しつぶした状態で冷凍保存しておくと便利。薄くのばしてオーブンで10分焼けば、ミルフィーユパイとしても楽しめる。

大地に根ざした多彩な郷土料理　79

ラグマン ウズベクのうどん
ЛАГМАН
［ラグマン］

ウズベキスタンの
郷土料理、ラグマン。
しこしこの手打ちうどん風の麺を
トマトベースの具だくさんの
スープで食べるスープパスタです。
生地を細く引きのばす
そうめんタイプと、
のばした生地をたたんで切る
きしめんタイプがありますが、
ここでは家庭で作りやすい
きしめんタイプを紹介します。

材料

麺
- 強力粉……300g
- 塩……小さじ½
- 溶き卵……½個分
- 水……¾カップ

打ち粉(強力粉)……適量

スープ
- 牛もも肉……200g
- ひよこ豆(乾燥)……¼カップ
- 玉ねぎ……½個
- にんじん……¼本
- じゃがいも……1個
- ピーマン……1個
- にんにく……1片
- トマトの水煮……½缶(約200g)
- 湯……10カップ
- 塩……大さじ½～大さじ1
- クミンシード……小さじ½
- コリアンダーパウダー……小さじ½
- チリパウダー……小さじ½
- 油……大さじ3

ハーブのみじん切り
(万能ねぎ、香菜など)……適量

1 ボウルに分量の水、塩、卵を入れてよく溶き、強力粉を加えて練る。ラップをして15分ほど休ませる。

2 ひよこ豆は湯に4～5時間つけて戻す。牛肉は2cm角に切り、玉ねぎ、にんじん、じゃがいも、ピーマンはさいの目に切る。にんにくは薄切りにする。

3 鍋に油を熱して牛肉を炒め、色が変わったら**2**の野菜、ひよこ豆、トマトの水煮を加えて炒める。

4 分量の湯、塩、クミンシード、コリアンダーパウダー、チリパウダーを加え、煮立ったら弱火にし、具がやわらかくなるまでアクを取りながら20分ほど煮る。

5 **1**に打ち粉をして2～3mm厚さに大きくのばす。

6 多めに打ち粉をして、**5**を屏風だたみにする。

7 端から包丁で5～6mm幅に切る。

8 麺がつかないように打ち粉をしてほぐす。たっぷりの湯を沸かして塩小さじ1(分量外)を入れ、麺をゆでる。麺が浮き上がってきたら湯をきって器に盛り、**4**をかけて、ハーブを散らす。

マシュフルダ
緑豆と米のスープ

МАШХУРДА
[マシュフルダ]

ウズベキスタンの郷土料理で、
マシュは緑豆、フルダは米のスープのこと。
緑豆と野菜、米で作る濃厚なスープです。
シルクロードのパン、ナンと一緒に食べたとき、
ほかには何もいらないほどの
満足感を味わいました。

器／マリンカ

緑色の小さな緑豆は、もやし用の豆としても知られ、春雨の原料に用いられる。ロシアでは一般的に豆類は冬に食べ、スープや煮込み料理に使う。

材料
緑豆（乾燥）……70g
米……30g
牛もも肉（またはラム肉）
　……200g
（塩、こしょう……各適量）
玉ねぎ……1/2個
ピーマン……1個
トマト……小1個
にんじん……1/4本
じゃがいも……1個
水……10カップ
クミンシード、チリパウダー
　……各少々
塩……大さじ1/2強
香菜……適量
油……大さじ3

作り方
1 緑豆は湯に4〜5時間つけて戻す。米は湯で洗う（水よりも浸透しやすい）。牛肉と野菜はさいの目に切り、牛肉は塩、こしょうをふる。

2 鍋に油を熱して**1**の牛肉を炒め、続いて玉ねぎを加えて炒め、玉ねぎがしんなりしたらピーマン、トマト、にんじんを加えてさらに炒める。

3 2に分量の水、じゃがいも、**1**の緑豆と米、クミンシード、チリパウダー、塩を加えて弱火で20分ほど煮る。

4 具がやわらかくなったら、みじん切りにした香菜の半量を加えて混ぜ合わせ、火を止める。器に盛り、残りの香菜を飾る。

プロフ 炊き込みご飯
ПЛОВ［プロフ］

材料（4〜6人分）
ラムもも肉（またはラムチョップ500g）
　……300g
米……5カップ
ひよこ豆（乾燥）……¼カップ
玉ねぎ……1個
にんじん……1本
レーズン……大さじ2
バルバリス*（あれば）……小さじ1
クミンシード……小さじ½
チリパウダー……小さじ½
湯……5カップ
塩……大さじ1
こしょう……少量
ごま油……¾カップ
トマトのサラダ
　┌トマト……2個
　│玉ねぎ……½個
　│ハーブのみじん切り（ディル、香菜など）
　│　……適量
　└塩……小さじ1弱

＊バルバリス（バーベリー）は、ヨーロッパ、中央アジア、東部アジア原産の灌木で、酸味のある赤い小さい実を干したもの。

シルクロード全域で食べられている、
冠婚葬祭のときに欠かせない料理です。
特に宴会の最後に一家の主人が
客にふるまうもので、
これが出ると会はお開きになります。
油っぽさをおさえるために、
トマトのサラダを添えて、
その汁をプロフにかけながらいただくと
さっぱりしてよりおいしく味わえます。

作り方

1 ひよこ豆は湯に4〜5時間つけて戻す。米は湯で洗う（水よりも浸透しやすい）。ラム肉は3等分に切り、玉ねぎは薄切り、にんじんは長さ8cmの細切りにする。

2 鍋を熱してごま油、ラム肉、塩小さじ1を入れ、きつね色に揚げ煮する。

3 2に玉ねぎを加え、きつね色に揚げ煮する。

4 にんじん、レーズン、戻したひよこ豆、バルバリス、クミンシード、チリパウダーを加えてさらに煮る。

5 洗った米、こしょうを加え、分量の湯に塩小さじ2を溶かして加える。途中でかき混ぜながら強火で煮る。

6 水分がなくなったら米を山型にし、皿で落としぶたをし、さらにふたをして弱火で10分ほど炊く。火を止めて5分蒸らす。

7 サラダを作る。トマトはくし形切り、玉ねぎは薄切りにする。ハーブと合わせ、塩で調味する。

8 6の肉を取り出してひと口大に切り（ラムチョップの場合は骨をはずす）、6を山高に盛り、上に肉をのせる。トマトのサラダを添え、野菜から出た汁をかけながら食べる。

プロフの味わいの決め手になるスパイス。左がバルバリス、右奥はクミンシード、右手前はチリパウダー。

多めのごま油に塩を加えて、ラム肉を揚げ煮する。

米に火が通りやすいように、木べらで山型にまとめ、皿で落としぶたをしてからふたをし弱火で炊く。

大地に根ざした多彩な郷土料理

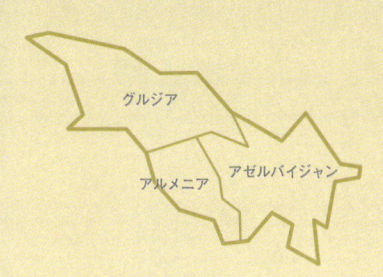

コーカサス

グルジア
アルメニア
アゼルバイジャン

KaBK

カスピ海ヨーグルトの故郷でもあるコーカサス地方は、黒海とカスピ海の間に挟まれたグルジア、アルメニア、アゼルバイジャンの3国からなります。歴史的にも伝統のある小さな国々で、シルクロードの交易地としても知られています。
のどかで素朴で食材が豊かな地方ゆえ、料理もおいしく、とくに果実、乳製品、ワイン、ブランデー、木の実は絶品。隣国のトルコ、イランの料理の影響を多分に受けているのも興味深いところです。
ちなみに、3国のなかでアゼルバイジャンだけはイスラム教徒が多いこともあり、羊肉、豆、木の実、ドライフルーツなどを使った料理が目立ちます。

シャシルィク 串焼き
ШАШЛЫК
[シャシルィク]

シャシルィクは串焼きのこと。
元々は、遊牧民が野外で枯れ枝に
肉を刺して焼いて食べていたものです。
肉の種類、マリネ液などは
地域によって異なります。
グルジアのカヘチアで
ホームステイをしたときに、
暖炉で焼いたシャシルィクを
ごちそうになったときの味が忘れられません。
そのときのレシピをご紹介します。

材料
ラム肉……400g
マリネ液
　┌白ワイン……¼カップ
　│玉ねぎ……¼個
　│にんにく……1片
　│塩……大さじ½
　│こしょう、クミンパウダー、コリアンダーパウダー、
　│　カイエンヌペッパー……各小さじ¼
　└油……大さじ1
つけ合わせ
　玉ねぎ……½個
　酢、カイエンヌペッパー……各少々
　ハーブ（香菜、万能ねぎなど）……適量

作り方
1 玉ねぎとにんにくはすりおろし、マリネ液の材料を混ぜ合わせる。
2 ラム肉はひと口大に切り、1のマリネ液に入れ、途中で上下を返しながら2〜3時間漬ける。
3 2を串に刺し、グリル（または天板に網をのせておき、230℃に温めたオーブンで約15分）で焼く。
4 薄切りにして酢であえた玉ねぎと、ハーブを添えて盛り、玉ねぎにカイエンヌペッパーをふる。

2〜3時間マリネして味をなじませてから、串に刺す。

ピーマンとキャベツのドルマ
ДОЛМА ИЗ ПЕРЦА И КАПУСТЫ
［ドルマ・イス・ピェールツァ・イ・カプースティ］

ドルマは、詰めものという意味です。
イスラム料理のひとつで、本来はぶどうの葉で
羊肉、米、木の実などを包み、
水にレモン汁と塩を加えて煮たものです。
なす、トマト、ズッキーニなどの野菜に詰めることもあります。
米を料理や菓子に使うのは、イスラム料理の特徴です。
鍋にすき間なくきっちり並べることが、ドルマを上手に煮るコツです。

材料（8個分）
ピーマン……4個
キャベツ……4枚
ナチンカ（具）
　合挽き肉……300ｇ
　米……¼カップ
　玉ねぎ……½個
　ハーブのみじん切り（香草、イタリアンパセリなど）
　　……大さじ2
　にんにくのすりおろし……1片分
　クミンパウダー……小さじ¼
　塩……小さじ1½
　こしょう……小さじ¼
煮汁
　トマトの水煮……½缶（約200ｇ）
　塩……小さじ1½
　キャベツのゆで汁……1½カップ
　チリパウダー……小さじ¼
　ローリエ……1枚
　バター、オリーブ油……各大さじ1

1
米はさっと洗い、湯（水よりも浸透しやすい）に5分ほどつけ、ざるに上げて水気をきる。玉ねぎはみじん切りにする。ボウルに具の材料をすべて入れ、よく練る。

2
キャベツはさっとゆでる。ピーマンは丸のままヘタを切り、種を取り出す。**1**の具を8等分し、ピーマンに詰めて、ヘタをかぶせる。残りは、ゆでたキャベツにのせてきっちり包む。

3
鍋にすき間がないようにきっちり並べる。ここに煮汁の材料をすべて入れ、中火でアクを取りながら25分ほど煮る。

キュフタ・ボズバシュ
豆入り肉団子のスープ
КЮФТА・БОЗБАШ
[キュフタ・ボズバシュ]

アゼルバイジャンで出合った料理で、個性的な味に感動しました。
キュフタは団子、ボズバシュは灰色のこと。
豆、ドライフルーツ、米、スパイス、ハーブが一体化した絶妙な味わいで、
アラビア風気分が味わえます。
ラム肉で作ると濃厚でこってりとした味に。
鶏肉ならあっさりとした味に仕上がります。

材料(6人分)
肉団子
- ラム肉(または鶏肉)……250g
- ひよこ豆……1/3カップ
- 米……大さじ3
- 溶き卵……1/2個分
- 玉ねぎ……1/2個
- にんにく……1片
- 塩……小さじ1
- こしょう、クミンシード……各少々

プルーン(種なし)……6個
玉ねぎ……1/2個
じゃがいも……2個
にんじん……1/4本
トマト(またはトマトの水煮1/4カップ)……1個
水……10カップ
塩……小さじ2
ドライミント(あれば)、サフラン、チリパウダー……各少々
香菜……適量

作り方
1 ひよこ豆は湯に4〜5時間つけて戻す。米は湯で洗い(水よりも浸透しやすい)水気をきる。ラム肉は包丁でたたいてミンチにする。玉ねぎ、にんにくはみじん切りにし、じゃがいも、にんじん、トマトはさいの目に切る。

2 肉団子を作る。ボウルにラム肉、卵、米、ひよこ豆、玉ねぎ、にんにく、塩、こしょう、クミンシードを混ぜ合わせる。6等分し、中にプルーンを1個ずつ入れて丸める。

3 鍋に分量の水を入れて沸かし、**2**、玉ねぎ、じゃがいも、にんじん、トマト、塩、ドライミント、サフラン、チリパウダーを入れ、アクを取りながら弱火で40分ほど煮る。

4 皿に盛り、香菜を飾る。

プルーンを中に入れて丸め、大きな肉団子にする。

チャホフビリ
牛肉のワイン煮
ЧАХОХБИЛИ
[チャホフビリ]

この料理はグルジアの郷土料理です。グルジアはぶどうの産地で、
ワインの歴史も8000年といわれ、おいしいワインが作られています。
ロシアでは料理にお酒を使うことはほとんどありませんが、
旧ソビエト領のグルジアはワインの産地ゆえ、
唯一ワインを使った料理が存在します。
ソースにとろみをつけるために米を使うのも特徴です。

材料
- 牛もも肉（または鶏もも肉）……400g
- 米……大さじ1
- 玉ねぎ……1個
- トマトの水煮……1/3缶（約130g）
- 水……1カップ
- 白ワイン……1カップ
- ワインビネガー……大さじ1
- 塩……小さじ2
- にんにくのすりおろし……1片分
- ハーブのみじん切り（万能ねぎ、香菜、ミント、イタリアンパセリなど）……適量
- こしょう……少々
- 油……大さじ2
- バター……大さじ1

作り方
1 米は湯で洗う（水よりも浸透しやすい）。牛肉はひと口大に切り、玉ねぎは薄切りにする。
2 フライパンに油を熱して、牛肉をよく炒め、取り出す。
3 2のフライパンにバターと玉ねぎを加えて、きつね色になるまで炒める。1の米を加えて炒め、2の牛肉、トマトの水煮、分量の水、白ワイン、ワインビネガー、塩を加え、弱火で20分ほど煮る。
4 にんにく、ハーブ、こしょうを加え、火を止める。器に盛り、ハーブ（分量外）を飾る。

炒めた牛肉を戻し入れ、トマトの水煮やワインビネガーとともに白ワインを加えて煮る。

ウクライナ
ベラルーシ

ヴァレーニキ ウクライナの水餃子
ВАРЕНИКИ
[ヴァリェーニキ]

ウクライナの水餃子、ヴァレーニキは精進餃子です。
まれに魚のすり身が入っていることがありますが、
ほとんどがじゃがいも、きのこ、キャベツを炒めたもので、
カッテージチーズやさくらんぼを入れると
デザートにもなります。
たれなどはつけずに、油で炒めた玉ねぎを
ソースがわりにからめて食べるのが特徴です。

ウクライナとベラルーシは、世界屈指の肥沃な穀倉地帯で、小麦、ライ麦、じゃがいも、とうもろこしなどがおいしい地域です。ユーラシア大陸をまわって歩き、一番おいしいパンを食べられた国はウクライナでした。パン屋の軒数も多く、パン博物館もあります。じゃがいものおいしさも絶品で、ベラルーシのじゃがいも料理は600種はあるとか。街道沿いは一面のじゃがいも畑。赤、黄、白など、じゃがいもの種類も豊富で、ゆでただけのじゃがいもで、こんなに満足感を味わえるとは思いませんでした。

材料（約40個分）
皮
- 強力粉……300g
- 水……約¾カップ
- 塩……小さじ½
- 溶き卵……½個分

打ち粉（強力粉）……適量

ナチンカ（具）A
- マッシュルーム……3個
- 生しいたけ……3個
- 塩、こしょう……各適量
- 油……適量

ナチンカ（具）B
- じゃがいも……1個
- 牛乳……¼カップ
- バター……大さじ1
- 卵黄……大さじ1
- 塩……小さじ½
- こしょう……少々

玉ねぎ……1個
油……大さじ3

1 皮を作る。ボウルに分量の水、塩、溶き卵を入れてよく混ぜ、強力粉を加えてゴムべらで混ぜ、生地がまとまるようになったら手でなめらかになるまで練る。ラップをかけ、室温で30分ほど休ませる。

2 具（A）を作る。きのこは粗みじんに切り、油で炒め、塩、こしょうで調味する。
具（B）を作る。じゃがいもは皮ごとゆで、皮をむいてつぶす。牛乳、バター、卵黄、塩、こしょうを加え、よく混ぜ合わせる。

3 1に打ち粉をして細長い棒状にし、手で40等分にちぎる。丸めてから手のひらでつぶし、めん棒で直径7cmに薄くのばす。

4 2の具をそれぞれ皮で包んで半月形にし、1種類は皮の縁を両手の親指でハの字に押さえて閉じる。もう1種類は皮の縁を端から順にねじって閉じる。

5 鍋に湯を沸かして塩小さじ1（分量外）を加え、4をゆでる。玉ねぎを薄切りにして、油でよく炒めたものをのせていただく。

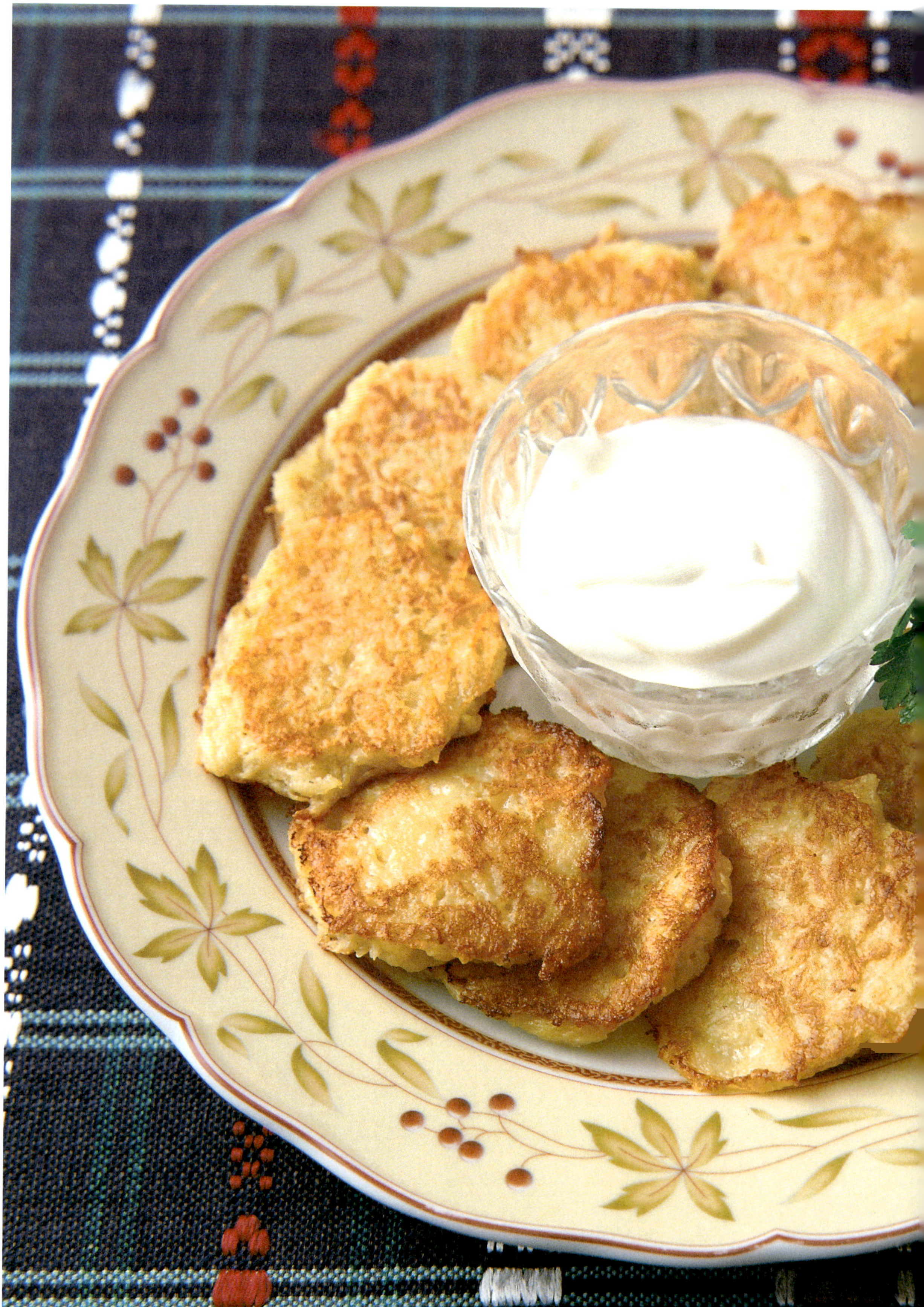

ドラーニキ じゃがいものお焼き
ДРАНИКИ
[ドラーニキ]

ベラルーシの郷土料理ドラーニキは、
削るという意味のドラーチからつけられた名前で、
じゃがいもを粗くせん切りにし、
それを味つけして油で焼きます。
少々多めの油で周囲をカリッと焼くのがポイント。
中に肉を入れることもあります。
ハム、チーズ、スモークサーモン、サラダなどをのせれば前菜に、
ジャムやはちみつを添えれば朝食やおやつにむきます。

材料（約10枚分）
じゃがいも……大2個
溶き卵……½個分
小麦粉……大さじ1
ベーキングパウダー……小さじ½
塩……小さじ½
油、バター……各大さじ2
サワークリーム（14ページ参照。またはヨーグルト）……適量

1
じゃがいもはスライサーで粗いせん切りにし、ざるに入れて軽く水気をきる。
◎じゃがいもは、切ってからそのままおくと色が黒く変色するので手早く。

2
ボウルに1、卵、小麦粉、ベーキングパウダー、塩を入れて、よく混ぜ合わせる。

3
フライパンに油とバターを熱し、2を大さじ山盛り1ずつ入れて直径7cmに平らに広げ、中火で両面をきつね色に焼く。器に盛り、サワークリームを添える。好みでハーブを飾る。

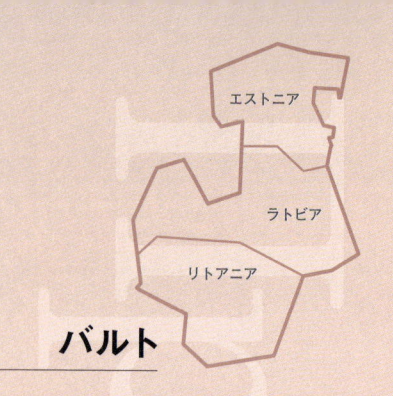

エストニア
ラトビア
リトアニア

バルト

魚のカツレツ
РЫБНЫЕ КОТЛЕТЫ
［ルィブヌィエ・カトリェーティ］

ロシアではポピュラーなメイン料理になるおそうざいです。
合挽き肉や鶏肉のカツレツもありますが、
今回はちょっぴりヘルシーに魚で作りました。
玉ねぎは炒めずに生のまま混ぜるので、
シャキシャキとした歯ざわりが楽しめます。
パン粉はビニール袋に入れてたたき、
粉にして使うと油をたくさん吸わずにすみます。

バルト三国は、エストニア、ラトビア、リトアニアからなる、おとぎの国のような小さな国々です。
歴史的に北欧やドイツ、またユダヤの影響を受け、料理のエッセンスとして今でも残っています。
バルト海で獲れた魚、じゃがいもをはじめとする野菜、森で採れたきのこやベリーなどの大地の恵みを生かし、おいしい乳製品でコクを出すなど、洗練された料理に仕上げられています。

材料
魚の切り身（たい、ぶり、すずき、生ざけなど）
　……300ｇ（約２切れ）
玉ねぎ……小½個
マッシュルーム……3個
牛乳……大さじ2
パン粉……大さじ2
卵……1個
塩……小さじ1½
こしょう……適量
ころも
　小麦粉、溶き卵、パン粉（細かいもの）……各適量
揚げ油……適量
つけ合わせ
　じゃがいも、ハーブ（イタリアンパセリなど）、
　レモン（くし形切り）……各適量

1
魚（ここではたいとぶりを半量ずつ使用）は皮を取り、包丁でたたいてすり身にする。

2
ボウルに**1**、みじん切りにした玉ねぎとマッシュルーム、牛乳、パン粉、卵、塩、こしょうを入れてよく練る。8等分し、手に油少々（分量外）を塗って楕円形に整え、冷蔵庫で30分ほど休ませる。

3
2に小麦粉、溶き卵、パン粉の順にころもをつける。フライパンに揚げ油を2cmほど入れ、中温（約170℃）に熱し、きつね色に揚げる。器に盛り、せん切りにして揚げたじゃがいも、ハーブ、レモンを添える。

◎ころもをつけた状態で冷凍保存もできる。

◀ クロス／マリンカ

大地に根ざした多彩な郷土料理　95

サーモンときのこのサワークリーム煮
ЛОСОСЬ ТУШЁНЫЙ В СМЕТАНЕ С ГРИБАМИ
［ラソーシ・トゥショーヌィイ・フ・スミターニ・ズ・グリバーミ］

バルト地方は、山海の恵みの宝庫です。
バルト海で獲れた魚と、森で採れたきのこを、
サワークリームで濃厚に煮た贅沢なひと皿です。
魚はほかに、すずきやひらめなどもおすすめです。

材料
生ざけの切り身……4切れ
（塩、こしょう、小麦粉……各適量）
玉ねぎ……1/2個
マッシュルーム……6個
本しめじ……1パック
サワークリーム（14ページ参照）……1 1/2カップ
塩……小さじ2
こしょう……少々
油、バター……各大さじ1 1/2
つけ合わせ
　ゆでじゃがいも（ディルのみじん切りをまぶす）……適量
　ハーブ（ディル、イタリアンパセリなど）……適量

1
玉ねぎ、マッシュルームは薄切りにし、しめじは小房に分ける。さけは、塩、こしょうし、小麦粉をまぶす。

2
フライパンに油を熱し、**1**のさけの両面を焼き、取り出す。

3
2のフライパンにバターを入れて溶かし、**1**の玉ねぎときのこを炒める。サワークリーム、塩、こしょうで味を調える。**2**のさけを戻し入れ、ひと煮立ちさせる。皿に盛り、ハーブを飾り、ゆでじゃがいもを添える。

荻野恭子の取り寄せ食材とお気に入りの雑貨

グルジアワイン

黒海とカスピ海にはさまれたコーカサス山脈南麓一帯は、ぶどう発祥の地と言われ、グルジアは世界最古のワイン生産地としても知られています。グルジアワインは甘口が多いのですが、この2本のワインは辛口でコクがあり、とてもおいしいので、よく取り寄せています。

右／ナパレウリ（辛口の赤）¥2,940
左／ムツヴァネ（辛口の白）¥1,365

問い合わせ先　**グルジアワイン専門店**
〒412-0045　静岡県御殿場市川島田317-1-104
TEL・0550-82-1462　FAX・0550-82-1449
URL・http://www.georgia-wine.com

ロシアチョコレート

マツヤは、ロシア人から伝授されたチョコレート作りを今に伝える新潟のチョコレート屋さん。ロシア風クリームやゼリー、ナッツやドライフルーツなどをチョコレートでコーティングしたもので、12種類の味が楽しめます。懐かしい味についついたくさん食べてしまうほど。かわいらしいマトリョーシカの絵柄の箱入りで、贈りものにすると、とても喜ばれます。

化粧箱入り　¥1,000（正味100g 12種類×1個ずつ＋数個位）
縦16×横9×高さ3.5cm

問い合わせ先　**マツヤ**
〒950-0904　新潟県新潟市水島町1-3
TEL・025-244-0255　FAX・025-246-4876
URL・http://www.choco-matsuya.com

小麦粉・ライ麦粉

ピロシキやラグマン、ブリヌィを作るために、いつも取り寄せているのが北海道産の小麦を扱う江別製粉のもの。強力粉は幻の小麦と言われるはるゆたか。薄力粉は十勝小麦を使用したドルチェ。ライ麦粉は、稀少な北海道産ライ麦を100％使用し、全粒を粗挽きしたもの。新鮮なライ麦粉で焼き上げたパンは、風味が違います。

はるゆたか（ブレンド）5kg×4袋　¥6,768（北海道外）
ドルチェ　5kg×4袋　¥5,364（北海道外）
ライ麦粉　5kg　¥4,200（小麦粉と一緒に注文）

問い合わせ先　**江別製粉株式会社**
〒067-0003　北海道江別市緑町東3-91
0120-41-5757
FAX・011-383-2315　URL・http://haruyutaka.com

ロシアの雑貨

マリンカは、ロシアの民芸品や陶器、雑貨を専門に輸入販売しているお店で、かわいらしいマトリョーシカもいろいろそろっています。マトリョーシカは、小さな人形がいくつも出てくるところから、ロシアでは出産祝いに贈ることもあるとか。ロシアは麻も有名で、赤い刺繍を施したテーブルクロスやティーコジーなど、テーブルウエアもすてきです。

右／マトリョーシカ　高さ16cm　5ピース　¥4,000
左／ティーコジーセット　¥3,600

問い合わせ先　**マリンカ**
〒171-0031　東京都豊島区目白4-27-7
TEL&FAX・03-3565-3205
URL・http://www.marinka-zakka.com

＊ご紹介の商品情報は予告なく変更になる場合があります。

ロシア料理に欠かせない食材

свёкла

サワークリーム スメターナ/сметана

生クリームを乳酸発酵させたクリーム。ボルシチをはじめ、煮込み料理やスープにかけたり、きのこの炒めものに入れたり、ブリヌィやペリメーニなどにつけて食べるなど、ロシア料理になくてはならない食材。日本で市販されているものよりさらっとしていて、しかもコクがある。14ページで紹介した、プレーンヨーグルトと生クリームを合わせたものが本場のスメターナに近い味になる。

カッテージチーズ トゥヴォローク/творог

牛乳を発酵させ、そこから乳清(ホエー)を除いて作るフレッシュチーズ。ロシアのトゥヴォロークは濃厚で、前菜やお菓子、パンの具などによく使う。ロシアの市場では作りたてのものが洗面器に山積みで量り売りされている。64ページで紹介した、牛乳とプレーンヨーグルトで作る方法が、ロシアのトゥヴォロークにより近い味になる。

ビーツ スヴョークラ/свёкла

アカザ科の植物で、かぶ状に肥大した根を食用とする。甜菜糖の原料であるシュガービート(白い砂糖大根)の仲間。鮮やかな赤い色と甘みが持ち味。切ってからゆでると色が落ちてしまうので、丸のままゆでてから皮をむいて用いる。水煮の缶詰はホール状のものとスライスしたものがあり、最近では水煮の真空パックも出回っている。

сметана

творог

зелёный лук

петрушка

кинза

укроп

ハーブ

ロシア料理の味つけはとてもシンプルで、使用する調味料も自然塩かこしょうに限られている。その代わりに欠かせないのが香りのいいハーブ。ほとんどの料理はここに紹介する4種類のハーブで間に合い、このうちどれを使ってもかまわない。

○万能ねぎ(ゼリョーヌィ・ルーク/зелёный лук)
ねぎ特有の香りと辛みがあり、味のアクセントとして料理の仕上がりに添えることも。

○イタリアンパセリ(ペトゥルーシカ/петрушка)
野生種に近い、葉の平らなパセリ。香りがやさしく苦みが少ないので、生のまま仕上げに用いることが多い。

○ディル(ウクロープ/укроп)
さわやかな香りが持ち味で、サラダや魚の塩漬けに欠かせないハーブ。サワークリームやカッテージチーズのような酸味のあるものとも相性がよい。

○香菜(キンザ/кинза)
日本では、中国料理のシャンツァイ、タイ料理のパクチーとして親しまれているハーブ。独特の強い香りが特徴。中央アジアやコーカサス地方など、南に行くほどよく使われる。

作家たちとの食事

　ロシアの文学や文化に長くたずさわっていると、作家や芸術家と食事をともにする機会もある。私的な食文化体験だが、その一部の、とくに印象に残っているシーンを記してみよう。

　最初にロシアを訪れたのは1970年代末、大学生のときだった。レニングラード（現サンクト・ペテルブルク）に旅立つにあたって、大学の恩師、原卓也先生が、親交のある作家セルゲイ・アントーノフ（1915～1995）の娘オリガに紹介状を書いて持たせてくださった。

　当時オリガは、レニングラード・コメディ劇場の看板女優だったが、日本から来た一介の学生を温かく迎え、自分の主演する芝居を見せてくれたばかりか、自宅に招いて手作りの料理までご馳走してくれた。このときのきのこスープのおいしさが、今でも忘れられない。

　日本ではソ連の物不足ばかりが報じられていたので、そうした情報と、オリガの家の豊かな食卓に、あまりにも大きなギャップがあって面食らったことを覚えている。逆に、町でたまたま知り合ったおばあさんが自宅アパートに招いてくれたときには、労働者の生活の貧しさにうろたえた。いくつかの家族がトイレや風呂を共有する狭い「共同住宅（コムナーリカ）」、トイレットペーパーの代わりに置いてある古い新聞紙、みすぼらしい台所。おばあさんの家族が勧めてくれるスイカをありがたく頬張りながら、ソ連社会に存在する不平等を痛烈に、身をもって感じた。

　1970年代、イスラエルに移住するという名目で、ユダヤ人がソ連から出国することが許された。その数は総計20万人をゆうに超えたが、そうしたユダヤ人の一部がアメリカに渡り、ニューヨーク郊外のブライトンビーチに一大ロシア語圏コミュニティを築いた。

　そのブライトンビーチを訪れ、「カフカス」というレストランで作家エフライム・セヴェラ（1928～）に会ったのは1984年のこと。ここは、名前のとおりコーカサス（カフカス）のシャシルィクが自慢の店だった。もちろんきゅうりやきのこのピクルスもあれば、ロシア風の黒パンもある。このコミュニティに住む人たちは圧倒的多数がユダヤ人だが、完全にロシア（語）文化に同化しているので、食に関しても、コーカサスや中央アジアなどの料理を取り入れた形でのロシア食文化が主流なのである。

　ユーモラスな読み物を得意とするセヴェラは、ブライトンビーチではちょっとした名士といった感じだったが、本国ソ連では当時、彼の本が書店にならぶことなど想像することもできなかった。物語の現実の舞台も、本来の読者も失った亡命作家は、望郷と諦念から逃れられないように見受けられる。

　とはいえ、主人公がガールフレンドと日本車でアメリカを横断するロード・ムーヴィ的な小説

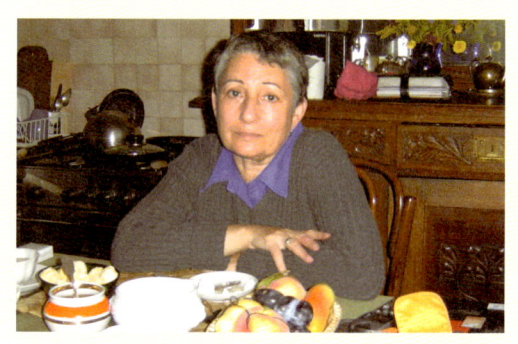

0／手料理でもてなしてくれたリュドミラ・ウリツカヤ。

p／カフェ・プーシキンでのボリス・アクーニン。手前はチョウザメ料理。

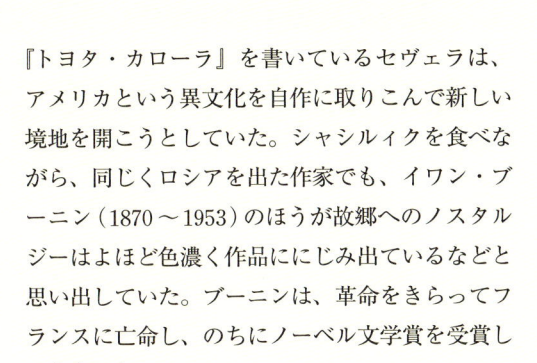

『トヨタ・カローラ』を書いているセヴェラは、アメリカという異文化を自作に取りこんで新しい境地を開こうとしていた。シャシルィクを食べながら、同じくロシアを出た作家でも、イワン・ブーニン（1870〜1953）のほうが故郷へのノスタルジーはよほど色濃く作品ににじみ出ているなどと思い出していた。ブーニンは、革命をきらってフランスに亡命し、のちにノーベル文学賞を受賞した作家である。

ブーニンの短編「パリで」は、亡命ロシア人の中年男女がパリのロシア料理店で出会い、あまりにも短い幸福を手にするという物語だが、ロシアの食品や料理がほのかなノスタルジーをかもし出している。にしん、イクラ、ななかまどの酒、ピロシキ、メンチカツ。男はレストランに通って、ウェイトレスをしている女としだいに親しくなる。1日目はシチー、2日目はラッソーリニク（塩漬けきゅうり入りのスープ）、3日目はボルシチと、ロシアのスープを3種類とってから、女を映画に誘うのだった……。

20世紀末にさっそうと登場し、歴史推理作家としてあっというまにロシア文学界の寵児となったボリス・アクーニン（1956〜）は、日本文学者でもある。彼には、ずいぶんあちこちモスクワで話題の新しいレストランに連れていってもらった。

伝統的なロシア料理を洗練された調理で出す本格的なレストラン「カフェ・プーシキン」は、インテリアもシックなレトロ調で、メニューは革命前の旧正字法で書かれている。19世紀の国民的な詩人を店の名前に掲げるあたり、さすが文学の国ロシアである！

このレストランが、革命前にさかのぼって貴族的な雰囲気を出しているのとは対照的に、ソ連のイデオロギー的な時代を半ば皮肉に、半ばノスタルジックにパロディ化しているのが「ペトローヴィチ」である。精神科医でブラック・ユーモアのきいた漫画を描くアーティストでもあるアンドレイ・ビリジョの発案で1997年にオープンした。もともとは彼が『実業家（コメルサント）』誌に連載していた漫画「ペトローヴィチ」を愛する人たちの集まる一種のクラブだったが、今では知る人ぞ知る名物レストランである。

1960〜1970年代をしのばせるタイプライター、ラジオ、やかん、カレンダー、人形などが所狭しと置かれ、レトロな異空間が楽しめる。メニューにもおおいに遊び心が発揮され、首都サラダは「クレムリンの大時計」、メンチカツは「ペトローヴィチ出張から帰る」、牛タンは「共産党書記長」、漬けものは「ソ連大使」などと名づけられているから、笑ってしまう。

でも、どれほど変わったレストランで豪華な料理を食べても、心のこもった手料理のおいしさにかなうはずはない。2003年モスクワで、リュドミラ・ウリツカヤ（1943〜）の家を訪ねたとき、手ずから鴨を料理してくれたのは嬉しかった。彼女は、1990年代にソ連版「女の一生」とでも言うべき佳品『ソーネチカ』で注目を浴び、のちにロシア・ブッカー賞を受賞した、現在ロシアで最も活躍している作家のひとりだ。

作品集『それぞれの少女時代』にこんな箇所があるが、たぶんウリツカヤ本人のことを言っているのだろう。

彼女がくるみ、卵、コリアンダーの実、粒こしょうを量るときは、両手がまったくひとりでに細かく正確に動き、音楽家が自分の指先から生まれる音を楽しむように、自分の調理を楽しむことができるのだった。

作家たちとの食事　101

現代ロシアの食事情

q／高級デリカテッセンのエリセーエフ商店。2003年の修復で革命前のように豪華によみがえった。

　よりよい未来を想定してユートピアを志向したロシア革命。

　ところが現実のソ連社会はスローガンからほど遠く、食生活を改善できなかったばかりか、逆に食文化の発達を妨げてしまった。たしかに極貧層はなくなったが、イデオロギーの規制が厳しく、少しでも贅沢なものはすべて「ブルジョア」的と見なされたため、貴族的な洗練された料理の伝統は、亡命ロシア人とともに国外に流出してしまった。また、内戦や飢饉、農業集団化の失敗、戦争によって慢性的な食料不足がつづき、家庭の食生活も公共の食堂も貧弱なものにならざるをえなかったし、家事の負担も大きかった。

　ソ連が崩壊し資本主義の道を歩みだして十数年、貧富の差が大きくなるという社会問題を生みだしてはいるものの、最近は経済の成長に支えられて、都市部での食の水準は以前とは比べものにならないほど向上している。

　まず、食料品店やスーパーの品揃えが格段によくなった。野菜、肉は言うに及ばず、半製品、インスタント製品、冷凍食品、輸入品の種類が驚くほど増え、品質もよくなっている。

　大小スーパーがチェーン展開し、郊外には巨大ショッピングモールも現れた。市場や高級デリカテッセンもあり、消費者の選択の幅ははるかに広がった。

　食材が豊富になったのにともない、料理書がいろいろ出版されるようになった。ソ連時代の食文化の本といえば、『おいしくて体によい食事の本』がほとんど唯一だったが、今ではレシピ本から研究書、料理エッセイなど多彩な本が書店の料理書コーナーをにぎわしている。

　料理書とともにテレビの料理番組も増えてきた。ロックスターのアンドレイ・マカレーヴィチがゲストを呼んで料理を作る「おいしい味」、女優のユリヤ・ヴィソツカヤが料理を紹介する「家で食べましょう」などが人気番組だ。

　外食産業も急成長中。ロシア料理にかぎらず、さまざまなエスニック料理、外国料理のレストランが次々にオープンしているが、なかでも1990年代末より日本料理がブームで、「スシバー」の人気が高い。マクドナルドやピザなど欧米のファストフードの店もあちこちで目につく。

　予断は許されないが、21世紀のロシアの食文化は、いっぽうでますます多様性を追求しつつ、他方、古きよきロシア本来の伝統をも復活させるのではなかろうか。イデオロギーの抑制が消え、物不足という弊害もなくなったいま、ロシアにグルメ文化の花開く条件が整ったことはたしかである。

「台所の奴隷でいるのはやめよ！新しい生活を実現せよ！」と、女性の社会進出をうたったポスター。1931年。

おわりに

荻野 恭子

　ソビエト崩壊から15年が経ち、ロシアの食事情は驚くほど変わってきました。特にモスクワなどではレストランが増え、外食産業も大忙しです。それに、スーパーマーケットも日本のデパートの地下のように、食品があふれかえっています。何でも買えるいい時代になりました。最近は、日本と同じようにロシアでも手作りの料理離れの傾向があるようです。そういう意味では、私はいい時にロシアのおばあさんやお母さんから本物のロシア料理を教えていただきました。現地でお世話になった方たちに心から感謝すると共に、教えていただいた数多くの料理や生活の知恵を日本の皆様に紹介していきたいと思っております。

　ロシア人はパーティが大好きです。そして、男性も女性ももてなし上手です。ですから、料理を作るときも2人分や4人分ではなくたくさん作り、大勢で楽しく食べます。料理が余ればお土産としてお持ち帰りにしたり、翌日の料理に展開させます。これらのことから、私は多くのもてなしの心を学びました。

　そしてもうひとつ、小麦文化のユーラシアの国々を廻って私が身につけたことは、小麦粉を練って作る練り粉料理の技術です。簡単でおいしい餃子、麺、パンなど、ぜひ手作りして欲しいと思います。

　手がかりそうに見えるピロシキも、生地を練って、ねかせて、中身を詰めて焼くだけで、本当に簡単においしく作ることができます。ボルシチも、ブイヨンをとって、野菜を炒めて、一緒に煮るだけです。ロシアンティーも簡単にできます。好みの果実に、砂糖を加えて、煮るだけでヴァレーニエができ、紅茶に添えていただきます。

　私の長い旅（取材）はこの3品のおいしさの魅力から始まりました。そして今ここで、皆様に本場で習得した本物の味をお伝えして、また新たな旅に飛び立ちたいと思います。

　ここまで完成するには、多くの方のご協力を頂きました。そして、この本を出版するにあたっては、ロシア文学者沼野恭子さんが私の研究を認めてくださり、このような形の本が実現しました。本当に有り難く光栄に存じております。

　最後に、河出書房新社の木村由美子さんとフリーライターの内田加寿子さん、皆様に心より御礼を申し上げます。

沼野 恭子

　ロシアではもともと、衣食住やお金に関する「物質的なもの」を、魂や文学に関する「精神的なもの」より低く見る傾向がありました。たとえば革命直後の混乱した時期、その日のパンにも事欠くような状況のもとで、驚いたことに、詩の朗読会は多くの人で熱気にあふれていたといいます。

　パンよりも詩——それが、長いことロシア人のメンタリティの象徴でした。でも最近、そうした価値観に大きな変化が見られます。「新ロシア人」と呼ばれる新興富裕層があらわれ、社会全体に、物資的なものへの関心をよいものとして肯定する風潮が強まっているのです。

　これは、ロシア社会がアメリカ主導型の「グローバリゼーション」の波に呑まれつつあることとも関係しています。世界中どこでもほぼ同一規格のファストフードがロシアの都市をも席巻しています。

　しかし、それに抗する形で、ロシアの食文化の素晴らしさを見直そうという動きも出てきています。これまであまり発達していなかった食文化研究が、最近になって本格的に緒につきました。

　外来文化が圧倒的な勢いで入ってきたとき、全面的にそれを受け入れる過程を経て、やがて自国文化のよさを再評価する機運がもりあがる——このような文化のダイナミズムは、かつて明治日本にもありましたし、18〜19世紀のロシアにも見られました。19世紀の西欧派とスラヴ派の思想的対立は、食の領域で考えれば、西欧派＝フランス料理をよしとした貴族、スラヴ派＝ロシア本来の料理を好んだ農民・商人という図式に置きかえることができるでしょう。

　ですからロシアの食の歴史をごく大雑把にまとめると、19世紀に「西欧」対「ロシア」の二項対立だったものが、20世紀に無理やり「ソ連型食生活」に一元化され、21世紀の現在、ふたたび二元化して、さらに複雑に多様化する予感をはらんでいる、ということになるのではないでしょうか。

　このようなことを考える場を与えてくださった河出書房新社の木村由美子さん、細かい仕事を抜群のセンスでこなしてくださった内田加寿子さん、そしておいしいレシピを提供してくださった荻野恭子さんのために、乾杯させていただきたいと思います。

За наших прелестных гурманок！（われらが素敵なグルメたちに乾杯！）

荻野 恭子　おぎの きょうこ

東京生まれ。女子栄養短期大学卒業後、恵比寿中国料理学院、ワールドクッキングスクールなどで料理を学ぶ。石州流師範。1974年より、ロシアとその周辺の国々40か国以上を訪れ、食文化の研究を続けている。料理教室「サロン・ド・キュイジーヌ」主宰。著書に、『豊かな大地の家庭の味 ロシア料理』(東洋書店)。
http://www.cook-ogino.jp

沼野 恭子　ぬまの きょうこ

東京生まれ。東京大学大学院博士課程満期単位取得退学。東京外国語大学非常勤講師。著書に、『アヴァンギャルドな女たち──ロシアの女性文化』(五柳書院)、『世界の食文化⑲ ロシア』(共著、農文協)、訳書に、アクーニン『堕ちた天使 アザゼル』(作品社)、ウリツカヤ『ソーネチカ』、クルコフ『ペンギンの憂鬱』(ともに新潮社) など。

撮影◉今清水隆宏
アートディレクション◉石井眞知子(株式会社グラフマーケット)
デザイン◉松尾梨絵(株式会社グラフマーケット)
調理アシスタント◉長島麻理子
構成・取材◉内田加寿子

写真◉大村次郷(a、d、f、g、i、q)
　　　荻野恭子(b、c、e、h、j、k、l、m、n)
　　　沼野恭子(o、p)
協力◉マリンカ☎03-3565-3205　http://www.marinka-zakka.com

家庭で作れるロシア料理
——ダーチャの菜園の恵みがいっぱい！

2006年 7月30日　初版発行
2021年12月30日　9刷発行

著　者◉荻野恭子・沼野恭子
発行者◉小野寺優
発行所◉株式会社 河出書房新社
　　　　〒151-0051
　　　　東京都渋谷区千駄ヶ谷2-32-2
　　　　電話　03-3404-1201(営業)
　　　　　　　03-3404-8611(編集)
　　　　https://www.kawade.co.jp/
印刷所◉凸版印刷株式会社
製本所◉凸版印刷株式会社

Printed in Japan　ISBN 978-4-309-28060-8
落丁本・乱丁本はお取り替えいたします。
本書の無断転載(コピー)は著作権上での例外をのぞき、禁止されています。